# 30歳でも大人な人 50歳でも子供な人

人間関係も仕事も
全部うまくいく大人になる
97の方法

有川真由美

興陽館

# まえがき

30歳でも大人な人もいますし、50歳でも子供な人もいます。

人は年齢を重ねたからといって大人になるわけではありません。

ちょっとした小さな習慣から大人か子供かに分かれていきます。


大人になることとは、今よりずっと生きやすくなることです。


私たちが目指すべきは、お金を稼いだり、役職や地位を手に入れたり、人に認められたりすることでもありません。

まずは、よりよい人間になること。

それを心がけていれば、仕事のスキルや報酬も、いい人間関係も、人からの尊敬や信頼もついてくる。なにより、さまざまなものとの摩擦が減って、自分が心地いいと思える道を、軽やかに歩いていけるようになるのです。

大人な人は、誰からも好かれて信用されるからです。

この本ではこうした、私が今まで見てきた「大人な人」の振る舞いや言葉、考え方などについてご紹介していきます。


「いい歳をしているのに、幼稚だな……」

そう感じる機会が増えてきたことが、この本を書くきっかけになりました。

周りを見渡しても、40代、50代、という年齢になっても子供な人はたくさんいます。

「いやいや、昔から幼稚な大人はたくさんいた」と思われるかもしれません。

確かに、どの時代、どの年代でも、子供な人、大人な人がいるのは事実。

しかし、かつては私たちの身近な親族や職場、近所にも、政治家や起業家、教育者、職人、漁師、ホステスさん……どんな職業にも、文学や映画、TVドラマ、ファッションのなかにも、「あの人、いいな」「こんな大人になりたい」という人がいて、それが私たちの目指すべきモラルやお手本になっていたように思うのです。

昨今は、いわゆる「偉い」「先生」といわれる立場のある人ほど平気でズルいことをしていたり、歳を重ねている人ほどイライラを顔に出したり、年下にマウントをとったり、責任を押しつけて文句ばかり言っていたり、パワハラ、セクハラをしたり……と、大人であるはずなのに「あまりにも子供っぽい」という印象の人が多いのではないでしょうか。

悲劇なのは、「大人とはこうあるもの」というモラルが崩壊してしまったために、「大人ってカッコいいな」「あんな素敵な大人になりたい」という意識も薄くなってしまっていること。「なんで大人にならなきゃいけないの？」と考える人、大人になることをあきらめている人、歳をとることにネガティブなイメージしかない人もいるかもしれません。

だからこそ成熟した大人の振る舞いが輝くのです。

「大人になること」は、単純に人として成長していくことなのです。特別なことではなく、人としてあたりまえの振る舞いができるようになることです。

とはいっても、これが簡単にはいかない。「よくない」とわかっても、してしまうのが人間というものです。

感情の面でいうと、イライラしたり、不機嫌になったり、感情的になったり……。

もちろん、私も日々、「こんな小さなことでイラッとしてしまった」「もっと大人な対応をすればよかった」などと、自分の未熟さを思い知ることばかりです。

大人になることとは、そんな自分の未熟な部分に向き合って、「つぎはもっとよくしよう」と心がけていくことの積み重ねではないかと思うのです。

「大人でない自覚」と、「大人になろうとする意思」のある人は、うまくいかないことがあるたびに、自分のなかで解決しようとするので、だんだん仕事や人間関係の対応を会得して、スムーズにいくようになってきます。

いつの間にか、まわりから「あの人、大人だな」と一目置かれるようになるでしょう。

「子供な人」「大人な人」の差は、50代60代になると大きく広がって、「大人な人」はお金や地位ではない、人からの信頼や自分自身への信頼、幸福感など、人生においていちばん大切なものを得られるのです。

大人になれない人は、仕事や人間関係のトラブルなど、人生でつまずくリスクが大きいもの。人からの信頼も得られず、じつは自分がいちばん傷ついているはずです。

この本では、私が出会った人を例に、「子供とはどんな人か」「大人とはどんな人か」を、つぎのテーマ別に端的に落とし込んで書きました。

第一章　大人な人の「人間関係」
第二章　大人な人の「マナーと振る舞い」
第三章　大人な人の「仕事」
第四章　大人な人の「恋愛・夫婦関係」
第五章　大人な人の「自分とのつき合い方」
第六章　大人な人の「発言」
第七章　大人な人の「生き方」

改めて私のまわりを見渡すと、「50歳でも子供な人」もいましたが、反対に「30歳でも大人な人」を目にする機会も多々ありました。

若くても成熟している彼らは、世の中や会社にあまり期待しない分、精神的に自立していて、自分の喜びや、逆に嫌なことも知っている。

まわりの人や社会にやさしい目を向ける余裕もありました。

成熟した振る舞いや言葉を、知らず知らずのうちに身につけていたのです。

そんな「子供な人」「大人な人」について読むことで、あなた自身の「子供の部分」「大人の部分」を考えるきっかけにしてほしい。そして、あなた自身の目指す「理想の大人像」をつくってほしいという気持ちもあります。

もし、あなたがこの本に書いてあることをひとつでも実行すると、つぎのような効果があります。

＊人間関係で、まわりの雑音が気にならなくなる

＊むやみにイライラ、クヨクヨせず、笑って過ごせるようになる
＊人の幸せを喜び、まわりの人にやさしくなれる
＊自分の大切なことや、優先順位がわかるようになる
＊自分の魅力、性質を知り、それを生かせるようになる
＊まわりから「あの人、大人だな」と信頼されて、いい仕事や人間関係に恵まれる
＊「歳をとるもの悪くない」と未来に希望をもてる

大人になることとは、「よりよい人間になること」。それには、本当にあたりまえのことですが、一日一日、明るく誠実に生きていくことしか道はないようです。

人生でもっとも幸せで、やり甲斐のある「大人になる」という挑戦を楽しんでください。

あなたの人生が心から満足できて、誇りあるものとなりますことを祈っています。

有川真由美

30歳でも大人な人　50歳でも子供な人　〈目　次〉



# 第一章　あなたが大人になる、ちょっとした習慣

# 第二章　大人のマナーはここが違う

## 第三章　大人は仕事で成長できる

第四章

# 大人は恋愛で成熟していく

# 第五章 大人は自分とうまくつき合える

第六章

# 子供っぽい人の言葉、大人な人の言葉

第七章

# 大人はこうして幸せになる

第一章

# あなたが大人になる、ちょっとした習慣

# 01

## 怒り、イライラ、不満……嫌な感情を顔に出さない

「あなたのまわりの子供っぽい人は?」とまわりの人に聞いて、圧倒的に多かったのが、〝嫌な感情を顔に出す人〟でした。ムッとした顔、イライラした顔、嫌そうな顔、いじけた顔など、ネガティブな感情がダダ漏れしている人はいくらでもいるし、自分でもそうなることがあるのではないでしょうか。

私も20代のころは会社の理不尽さに腹が立って、上司に反抗的な態度をとったこともありました。しかし、同僚は「怒ってもエネルギーの無駄。それよりさっさと仕事片づけて帰ろうよ」と涼しい顔をしていて、つくづく「大人だなぁ」と思ったものです。

感情が顔に出る人は、正直でわかりやすい人ともいえます。子供のように喜怒哀楽を素直に出すので表情豊かで、溜めこまない。ポーカーフェイスで「なにを考えているかわからない」という人より、安心感もあるでしょう。

ただ、後先考えず、人の迷惑も考えずに、不快な感情を表に出すのが、大人気ないのです。大人はネガティブな感情を「今、ここでは出さないほうがいいな」と抑えたり、「別に怒るほどのことでもないか」と消化させたりする術をもっています。

とくにイラっとした感情をそのままぶつけても損をするだけ。「すぐに感情的になる幼稚な人」などと思われ、信頼されなくなります。

瞬発的な怒りは長く続かないので、数字でも数えて深呼吸をしましょう。「あ、今私は怒っている。1、2、3……よしよし、だんだん落ち着いてきた」と、他人を見るような目で実況中継するのも意外に効果があります。「感情的にならず穏やかな人」という印象のほうが信頼され、つき合いやすいと思われるはずです。

とくに怒りはエネルギーを消耗し、自分自身も蝕《むしば》む感情。小さなことでいちいち腹を立てていたら身がもちません。ただし、自分の大切なものが壊されるときは、冷静にどう表現したら効果があるのか考えて怒りましょう。自分と大切な人を守るために。

## 信頼されるための絶対条件は、感情を抑える術をもつこと

## 02

# 「自分を認めてアピール」が強過ぎる人は、自分自身を認めていない

SNSの世界では「私を認めて」「褒めて」「肯定して」「わかって」といった承認欲求があふれているようです。人から認められたいという気持ちはだれにでもあるもの。ですが、簡単に他者とつながれるSNSというツールは、「いいね」の数を競ったり、コメントが少ないと不安になったり、これみよがしに幸せ自慢をしたり……と認められたい欲求が暴走して、幼稚な心が育まれやすい環境なのです。

いえ、現代社会のなかではつねに評価に晒されていて、人に認められないと、自分は価値がないと考えてしまいがち。何歳になっても、SNSで承認を求め続ける人も多いのではないでしょうか。

〝承認欲求〟とは、「人から認められたい欲求」と「自分で自分を認めたい欲求」によって成り立っています。

じつは子供は人から認められたい欲求が強い。とくに親の期待に応えなければ価値がない、見捨てられると感じてしまうので、「見て見て！」と承認を激しく求めます。

成長するにつれて「人に認めてもらえなくても、自分には価値がある」とわかってくる。だから、自分の行きたい道を歩き、「人がわかってくれなくてもしょうがない」と人からの承認がなくてもだんだん大丈夫になってくるわけです。

真に成熟した大人と、未熟な人との違いの一つは、人からの評価を〝マスト（必須条件）〟としないことです。

「がんばっていれば、いつかだれかが認めてくれる」と仕事に励んでいても、現実はだれからも評価されないことが往々にしてあります。それでも腐らず、自分で決めたことを全うしようとするのが大人というものです。

そんなふうに日々、自分の小さな期待に応えるところから、自分を肯定できて、SNSの暴走も鎮まってくるのではないでしょうか。

**大人は「人に理解してもらえなくても、自分には価値がある」とわかっています**

## 03

# 知らず知らずに「マウントおばさん」「マウントおじさん」になっていませんか？

相手よりも立場が上であることを示そうとする行為を「マウント」と呼びます。マウントをとっている人は、自分がそうであるとは気づかないもの。たとえば、「え？ そんなことも知らないの？ 大学で習わなかった？」と学歴マウントをとったり、「ハワイに行くの？ 私はもう飽きちゃったけど」と張り合ったり、「結婚したことのない人にはわからないよ」と上から目線だったり。その根底には、すごいと思われたい、優越感に浸りたい、本当は自信がないなどの心理が潜んでいて、なにげなく言っていても、言われたほうは意外に傷つくのです。

マウントをとる人はどの世代にもいるものですが、とくに「マウントおばさん」「マウントおじさん」が目立つのは、時代が変わり「年齢が上」というだけではだれも認めてくれなくなって、自分の存在意義を自ら示す必要が出てきたからかもしれません。

いわゆる〝働かないおじさん〟と呼ばれる50代以上の男性が、成果主義やデジタル化の波、リストラの空気に脅威を感じるからか、マウントをとるという話も聞かれます。論破したがる、まず否定から入る、もの申したがる、間違いを認めない、過去の栄光を語るのもマウントの一種で、まわりから「子供っぽいなぁ」と思われる原因に。

人よりも優位でないと安心できず、張り合おうとするのは、幼稚な証拠。対等な立場での知的なコミュニケーションができないということですから。

本来、人間関係は、互いの敬意の上に成り立ちます。相手が年下のときは「それ、すごいね」「その意見は新しいね」と尊重したり、「わからないから教えてくれる？」とより一層、謙虚になったりする大人が、年下からも大切にされるのです。

もし、身近にマウントしてくる人がいたら、同じ土俵に乗らず、勝負を放棄しましょう。「じゃあ、協力して！」と懐に入ると、味方になってくれることが多いものです。

**「立場が上」と感じるときこそ、腰を低くして謙虚になるのが大人の振る舞いです**

## 04

# 「察してくれない」といってヘソを曲げない

ある職場で、50代の女性上司がいわゆる〝察してちゃん〟で、まわりは腫れ物に触るように扱っていたことがありました。〝察してちゃん〟とは、自分の意見や要望を直接言わないのに、相手に気持ちを読み取ってほしがる人のことをいいます。

たとえば、朝から機嫌が悪く、挨拶をしても目も合わせてくれない、勝手に怒ってドアを強くバタンと閉めて出ていく、「私は知りませんからね」と言い捨てて拗ねる……と子供じみた態度に、「私、なにかした？」と不安になったり、こちらまで腹が立ってきたりします。相手に「こちらの気持ちを察しなさい」というのはムシがよすぎる話。「私はこうしてほしい」とハッキリ言ってくれないと伝わらないのです。

恋人、夫婦、親子など近しい関係でも、「なんでもない」と言いながら不貞腐れていたり、「なんでわからないの？」と怒り出したりする人は、コミュニケーションが未熟といえます。

子供というのは、感情をぶつけることで自分を通そうとします。口では敵わず、それでしか、大人をコントロールする方法がないからです。大人になってからも感情を使って人を動かそうとするのは幼稚。言葉をもつ大人であるなら、素直に「こうしてほしい」と口で伝えるべきなのです。

「あなたは〜してくれない」ではなく、「私は〜してほしい」と、〝私〟を主語にして伝えるのがポイント。相手に伝わらないのは、自分にも責任があるのですから。

相手に対して自分の意見や気持ちを伝えられるようになって大人といえるでしょう。

大人というのは、いつもなにかしら寂しさを抱えている生き物です。

相手が自分の思い通りにならないのはあたりまえ。わかり合えないこともある。それでも、心を開いてわかり合おうとすることで、信頼関係はできていくのです。

## 察してもらえなくても、相手の気持ちを察しようとするのも大人です

# 05

# 「親だから」「子だから」からは卒業する

　ある心理カウンセラーから、「40代50代でも、親を恨んでいる人がものすごく多い」と聞きました。「昔、親が~してくれなかった」「親にひどいことを言われた」「兄弟の扱いが違った」など、親に傷つけられたり、寂しい思いをしたりした経験は、多くの人があるのではないでしょうか。また、親の期待に応えないと愛してもらえない、と感じた人もいるかもしれません。

　幼少期にすべてを依存していた親との関係が、その人にとって、あらゆる人間関係の基礎になるとは、心理学の世界で昔から指摘されてきました。無条件に愛されていると実感できない子供は、その欠乏感を埋めるために「もっと認めて」「もっと愛して」と依存的な態度になったり、猜疑心が強かったり、自己肯定感が低かったり……と心の傷が癒えず、大人になってからも対人関係で苦しむことがあるというのです。

　親への恨みを持ち続けることは、苦しいこと。50代を過ぎて年老いた親にイライラして当たったり、暴言を吐いたりして関係が拗《こじ》れてしまうことも多いようです。

そろそろ「親だから～するべき」という親に対する期待を手放しませんか？

「あのとき、ああしてほしかった」という恨みの記憶は、反芻されているうち、ネガティブな部分だけがクローズアップされて歪んでいきます。愛された体験もあるはずなのに。

大人になった今は親がいなくても生きていけるし、幸せになることもできます。

大人になるとは、親のせいにするのをやめることでもあるのです。

親であっても、不完全な人間。子供の期待に応えられないこともあります。逆に自分も不完全な人間。「子供だから～しなければ」という思い込みも捨てましょう。

親がいるから、自分が生きているのは事実。一人の人間としての親を受け入れて許し、感謝できるようになったとき、親に対しても、まわりの人にも過度な期待がなくなり、本当の意味でやさしくなれるはずです。

**大人になるとは、親を許すことです**

06

# 自分の意見はしっかり言う

ドイツ人の血を引く友人にこう言われたことがありました。

「日本人は自分を抑えてなにも言わないのが大人と思っているけれど、ドイツではなにも言わないのは子供。自分の意見をちゃんと伝えるのが大人だと思われる」

じつは私も意見が言えなかった一人。自分を出さないことが大人の振る舞いと言い訳をしながら、じつは自分を否定されたり、摩擦が生まれたりするのが怖かったのです。

しかし、「意見が言えない人」である限り、他人に従う人生になります。会議で自分の意見を言えない。事なかれ主義で上司の間違いを指摘できない。パートナーに言いたいことを言えない。友だちグループで遊びの予定を決めるときも「なんでもいい」と言う……。自分の意見や感情に蓋をしているうち、まわりからも「意見のない人」として、雑に扱われるようになるでしょう。まわりの人間関係を重視し過ぎるあまり、自分の気持ちも、物事の本質も見えなくなってしまうのです。

私が意見を言えるようになったのは、編集をしていたときの上司の言葉でした。「いい誌面を作りたいという目的はみんな同じなんだから、いくらでも意見を戦わせていいのよ。そのほうが読者のためにも、みんなのためにもなるでしょう?」

「みんなのため」と考えたら、意見が言えるようになったのです。小さいことでも、相手にリスペクトを示しつつ、ざっくばらんに明るく気持ちを表明することが大事。たとえ状況が変わらないことも「言っても無駄」ではなく、伝える意味はあるのです。

世の中では、権力のパワーバランスによって、立場のある人の間違いを指摘できずに、罪を重ねてしまう例が少なくありません。意見を言ってもつぶされてしまう。被害を受けるのは、いつの世も立場の弱い人たちです。摩擦を恐れずに「私はこう思う」と言える大人が増えてくると、安心した社会になっていくのでしょう。自分の意見をもち、それを表明できる、そして他人の意見も尊重できる大人でありたいものです。


**大人は言いにくいことも、相手のため、まわりのために意見します**

## 07 「一人でいられる力」をもつ

会社員をしていたころ、女性たちがいつもランチにつるんで行き、悪口や愚痴に花を咲かせているなか、新卒の社員で「私は仕事があるので自分のペースで食べに行きます」と距離を置いている女性がいました。会議でも大多数にはつかず、一人だけ違う意見を言う。繁忙時に一人だけ帰りづらい空気があっても「お先に失礼します！」とさっさと退社……と、22歳の〝一匹狼〟をカッコいいと感じたものです。

「群れる」という社会行動は、ママ友や女子会など女性の専売特許と思われがちです。古来、子を産み育てるために助け合ってきた女性たちは、仲間がいたほうがなにかと安心で心強いからです。しかしながら、男性も群れることで自分を守り、義理人情も合わさって自分の気持ちを犠牲にしていることが多いのではないでしょうか。

さまざまな世界で派閥やグループなど集団の論理が優先して、自分を見失ってしまうことがあります。悪事を見て見ぬふりをしたり足の引っぱり合いをするなど、大人として恥ずかしいことも「赤信号、みんなで渡れば怖くない」とマヒしてしまうのは、子供が、仲間外れになりたくないからいじめに加担するのと似た構造です。

集団から「一人、距離を置く」という身の振り方が、もっとあってもいいのではないでしょうか。また、日本人はとくに「ほかのところに行く」という発想がもてず、狭い組織のなかでじっと我慢して、自分をギリギリまで追い込んでしまうことも多いようです。

集団の空気に巻き込まれそうなときは、「距離を置く」「逃げる」という選択肢もあることをけっして忘れないでください。

一人の時間と空間をもち、一人で生きる力を育てていくのが大人というもの。みんなに好かれなくてもしょうがない。自分の心に嘘をつくことのほうがよっぽど怖いことだとわかっていれば、喜んで誇り高い〝一匹狼〟になれるかもしれません。

**大人の第一歩は、孤独を厭わず、一人で生きる覚悟をもつことです**

# 08 正論を振りかざす人にならない

「これはあなたの仕事ですよね」「約束しましたよね」「締切は守ってもらわないと」などと、編集者さんから正論で追い詰められたら、気の小さい私は「わかっています。私が悪いんです」と平謝りになって萎縮してしまうでしょう。

私の担当編集者はみな、「なんとかなりますよ」などと笑って、陰で黙ってスケジュール調整をしてくれる方ばかりなので、一層、申し訳ないと反省するのですが。

正論で追い詰めるのは、冷酷なコミュニケーションだと思うのです。なぜなら、正論は、かならず勝てる勝負。「それを言われたら、なにも言えない」となるし、そんなときは大抵、上から目線や、決めつけがセットになっているものです。「たいへんでしたね」という思いやりや、やさしさはなく、自分は安全なところにいて相手を攻撃するので自尊心が傷つき、「それはそうだけど……」と素直になれないこともあります。

正論を言って相手をフリーズさせるのは、若いときにやりがちなこと。正義感が強いことも影響しているでしょう。

また、「善・悪」「優・劣」「敵・味方」「好き・嫌い」と白黒つけたがる〝白黒思考〟も子供っぽい考え方。幼児向けの番組が「正義の味方」「悪者」にハッキリ分かれているのは、子供は人生経験が少ないため、シンプルなストーリーでないと理解できないからです。

大人になるにつれ、人は白黒はっきりしない〝グレー〟の曖昧なストーリーを好むようになります。さまざまな人の考え方を受け入れつつ、「正論だけでは通用しないこともある」「みんな不完全な人間なのだ」と妥協や折り合いをつけるようになるのです。

「正論」や「白黒思考」は一つの方向からしか物事を見られないので、融通の利かない生き方になってしまいます。「それもあり」と現実に寄り添おうとすることが、成熟した大人のあたたかい目線を作り、現実的な対応に向かわせるのです。

**「正論」を押し通すことではなく、まずは相手に理解を示すことから**

## 09

# その場にいない人の悪口を言わない

昭和のスターというのは、10代でもしっかりした大人の雰囲気があります。

当時は10代のアイドルたちの仲がよかったそうですが、大スターの女性歌手に、ほかの歌手が「○○ちゃんは口が軽い」などとその場にいない人の悪口を言ったとき、返ってきたのは「あら、そんな人だとわかったら気をつけるから、よかったじゃない！」という言葉。「10代前半から働いていた彼女から、人の悪口を聞いたことがなかった」と言われるのは、すでにスターとしての覚悟があったのかもしれません。

悪口を言うのは、一瞬スッキリするものです。自分のストレスを解放できたり、人と共感して盛り上がったりすると、肯定され、慰められたような気持ちにもなります。

でも、悪者を作るだけでは、進歩がない。「ほかでは自分の悪口も言われるのではないか」と疑念をもたれたり、人間関係が壊れたりするリスクもあります。

ところで、なぜ人は悪口を言うのでしょう。心が未熟な人は、自分と他人の境界線が曖昧で、自分の価値観で他人を判断してしまうからです。「嘘をつく人は許せない」「あの人は仕事が遅い」「若いのにブランドもののバッグなんか買って……」などと受け入れられないのは、自分の世界のルールで考えているから。「相手には相手のルールや価値観がある」と理解できないから、不満が溜まり、自分だけが苦しい一人相撲をすることに。

精神的に自立している人は「人は人、自分は自分」と分けて考えることができます。「そんな人もいる」「そんなところもある」と他人への期待を手放して、自分で対処していける。逆に相手のいいところを褒めよう、認めようとするでしょう。

悪口を言わないだけで、「できた人」だと思われ、信頼されることは間違いありません。なにより他人へのストレスが消えて、すべては自分自身で解決できる問題になります。どんな相手にも、自分のなかで対処していく術を見つけていくのが、心の成熟なのです。

**ムカつく人には「へー。面白い」「なるほどね」と異文化交流するつもりで**

# 10 謝れない人は、「大人の姿をした負けず嫌いの三歳児」

子供のころは親や先生から「悪いことをしたら、ちゃんと謝りなさい」と教わったはずなのに、素直に「ごめんなさい」「申し訳ありません」と謝れない大人が多いようです。いえ、むしろ、年齢を重ねたからこそ、「自分は悪くない」と意固地になったり、プライドが高かったりして、謝ることに抵抗があるのかもしれません。

たとえば、自分に間違いやミスがあったときに、部下や後輩にすぐ謝っていては、沽券《こけん》に関わるし、評価も下がるし、なめられるとの思いがあるのでしょう。

「いや、パソコンの調子が悪くてね」と言い訳したり、ミスを誤魔化そうとしたり、ひどいときは「○○さんがちゃんと確認してくれないから」と責任をなすりつけたり……と、本当に格好悪い大人の醜態を晒すことになるわけです。

これは、子供がお母さんに叱られるのが嫌で、「ボクは悪くないもん」と嘘をつく三歳児くらいの思考に、一周回って戻っているのかもしれません。

失言やSNSの炎上などで謝罪するときも、「そういうつもりはなかった」「もし誤解を与えたら……」などと限定する表現にして、責任を回避するのも見苦しいもの。

謝るべきところで謝れないのは、損しかありません。つまらない見栄やプライドにこだわっていると、誠実さに欠けているので人が離れるし、自分の過ちを認めないので、成長や改善につながらず、かえって軽視されるようになるのです。

また、人間関係で気まずくなった場合も、自分から謝れないのは「非を認める＝敗北」という思考になっているから。自分が悪くなくても、場を収めるために「申し訳なかった」「ごめんね」と謝れることこそ、大人としての誇り。謝ったところで、命までとられません。逆に、「さすが、器が大きい」とまわりからの信頼を得られるのです。

素直に謝る能力は、歳を重ねるほど意識してもっておきたいものです。


**素直に謝れる大人は格好よく、まわりから大切にされます**

11

# 人とほどよい距離感を保つ

10代までの友だち関係は濃厚です。「いつも一緒にいて、なんでも話せるのが親友」とばかりにベッタリしたり、些細なことで傷つけ合ったり、急に疎遠になったり……と、相手への依存心が強くて、距離を縮め過ぎてしまうのです。

本当は一人でいるのが楽なのに、「一人でかわいそうな子」だと思われたくなくて、無理して人と一緒にいることもあるかもしれません。

大人になっても「みんな仲良く」の呪縛が解けないのか、「ほどよい距離感」がつかめない人がいるようです。ある友人は、習い事を始めたところ、先輩たちから家族や経済事情などをあれこれ詮索されたり、余計なアドバイスをされたりして心地悪くなり、教室をやめてしまったとか。

仕事も習い事も友だちを作る場ではないのですから、相手のプライベートゾーンにぐいぐい入り込んでいくのはマナー違反。「これ以上は話さなくていい」という線を引いて、一定の距離感があるほうが、安心して本来の目的にフォーカスできるでしょう。

私が大切だと思う友人たちは、知り合って数十年経っても、家庭環境などわからないことがあります。相手のほうから話せば聞くけれど、こちらから立ち入らない。それでも、久しぶりに電話したり、会って他愛もない会話をしたりするだけで、深くわかり合える部分があるので、無理しなくても関係が続いていくのです。

荘子の有名な言葉に、「君子の交わりは淡きこと水の如し、小人の交わりは甘きこと醴《れい》の如し」とあります。物事をよくわきまえた人のつき合いは、水のように淡々としている。つまらぬ小人物のつき合いは、まるで甘酒のように甘くベタベタした関係で、一時的に濃密に見えても、長続きせず、破綻を招きやすいものだということです。

家族や友人、恋人など大切な人だからこそ、甘え過ぎず、相手を尊重して距離感を大切にする必要があります。無理をしない、無理をさせない関係を目指しましょう。


**それぞれの距離感を見つければ、どんな人ともつき合えます**

# 12
# 大人は大切な人にこそ忠告する

人を叱るのは、難しいものです。へんな空気になるかも、嫌われるかも、余計なお世話かもと気を遣う。友人や兄弟などが間違ったことをやっても指摘できない。昨今は親や教師も子供を叱りづらく「ほめて育てよ」という風潮があるようです。

ある女性上司は「若い子を叱ると、すぐ会社に来なくなる」と嘆いていました。わざわざ損な役回りをせず、見て見ぬふりをしたほうが楽と思う人も多いでしょう。

でも、私は相手のことを思って「ダメなものはダメ」と言える大人でありたいと思うのです。〝叱る〟というより愛情をもって〝忠告する〟〝注意する〟。本人も気づかず、だれも注意してくれない状態は、本当に不幸。じつはだれもが、自分のことを気にかけて、注意してくれる大人を、心のどこかで渇望しているのではないでしょうか。

30年ほど前までは、人は〝一人前の大人〟になる段階で、親や先生、上司や先輩、近所や親戚のおじさん、おばさんなど多くの人に叱られて育ったものでした。現代はSNSやコミュニティなどつながりは多くなっているのに、個々の関係性は薄くなって、多くが「自分はこれでいいのか?」とつねに不安を抱えているようです。

幸運なことに私のまわりには、忠告、注意ができる大人がいます。彼らは人のことをよく観察していて、「その言い方はダメよ」「それはワガママ」「おかしなことになってるよ」とハッキリ指摘する。厳しいことも言うけれど、その倍はほめてくれるし、愛情が感じられるので、だれもが心から信頼して、また会いたいと思うのです。

人に注意するのが苦手な人は、「それは間違っている」という否定的な言い方でなく、「こっちのほうがよくない?」と明るく発展的に言うようにするといいでしょう。相手のためを思って言った言葉は伝わると信じて。

叱ったり注意したりできるほど相手を見守り、相手のことを思った上で伝えられるか……そんな立場になる覚悟が大人に問われているのかもしれません。

**人を注意するのは、相手やまわりのことに気を配る大人の役割です**

13

# 心ない言葉に傷つくのは、他人に期待しているからです

心が繊細で傷つきやすい、感受性が強い人のことを指す「繊細さん」という言葉が流行りました。私もそんな傾向があり、昔はちょっと嫌味を言われたり、蔑《ないがし》ろにされたりするだけで、ひどく落ち込んだものです。

しかし、いつのころからか、傷つきにくくなったのは、強くなったというより、相手の言葉を真に受けなくなったからです。

とくに、相手がわざと傷つけようとして言った言葉、相手のイライラした感情、相手のマウントや傲慢な態度など、相手に問題がある場合は〝受け取り拒否〟します。「自分が悪いのだ」と落ち込むだけ無駄。反対に「あの人はひどい」と悪感情をもったり、反撃したりするのも賢明とはいえません。自分を苦しめるだけです。

相手のネガティブな感情は相手に責任があり、自分の感情は自分に責任があります。

イライラして人に暴言を吐くのは、まさに〝お気の毒な人〟。気持ちがなにかに毒されて、「私、困っているんです！」という状態なのです。「イライラしている人＝困っている人」と俯瞰したら、気持ちも落ち着いてきませんか？

相手の叱責や嫌味のなかにも、自分のためになる情報が混じっていることもあるので、そこだけ「ありがとうございます！」と受け取って、あとは聞き流しましょう。

人間はいいことよりも、悪いことに反応しやすい生き物。一つ嫌なところが見えると、その人のすべてが嫌いになって口も聞かなくなるのは、幼稚な振る舞いです。

「相手に未熟な部分があるのも、こちらの思い通りにならないのも、あたりまえ」と相手に期待せず、自分に期待する。相手のネガティブな感情や言葉にむやみに反応せず、ポジティブな部分に敬意と感謝を示して、大人の対応を覚えましょう。

そんなふうに、相手の言葉を真に受けず、聞き流すこともまた、自分の心を守るスキルだと思うのです。


**人間関係はいいところ取りで十分。攻撃には反応しないのが大人の対応です**

## 14

# 嫉妬で相手も自分も傷つけない

20代のころ、女性の多い会社に入社したとき、30代の先輩から「働き続ける秘訣は、嫉妬をしないこと」と言われたことがありました。嫉妬がどれだけ心を蝕むのか、すぐに実感するようになりました。「なんであの人がリーダーなの?」「いい子ぶって上司に取り入ってる」「似合わないのに高い服を着て……」と悪口や批判、足の引っ張り合いなど嫉妬が渦巻き、嫉妬される人も嫉妬する人も辞めていきました。

その先輩は人の悪口を言うこともなくマイペース。いきなり部長に抜擢されたときは、追い越された40代50代の男性社員から嫉妬による嫌がらせを受けたようですが、「教えてくださいね」と懐に入って次第に味方につけていきました。

今思うと、先輩は〝人の上手《うわて》をいく〟大人だったと思うのです。

嫉妬というのは、「いいなぁ」という羨ましさに、「それなのに私は……」という自己否定が混じった苦しい感情です。嫉妬しているなんて恥ずかしいし、自分でも認めたくないので、相手に意地悪をしたり、批判したり……と屈折した態度になります。

弟妹が生まれた子供が、赤ちゃん返りしてしまう心理と似ているかもしれません。嫉妬というのは「自分が欲しいもの」を相手がもっているときに起こる感情なのです。

「これって嫉妬？」と思うとき、相手のなにが欲しいのか考えてみるといいでしょう。役職？　愛情？　バッグ？　若さ？　お金？　容姿？　恋人？　時間？……多くのことは「それは要らないか」となるし、「私も手に入れられるようにがんばろう」とプラスのエネルギーに変えられることもあります。

「すごいな」「おめでとう」「よかったね」と素直に称賛すると、不思議といい気分。相手は自分を脅かす存在ではなくなり、「人は人、自分は自分」で生きられるのです。

また、嫉妬をされるときは、一つの称賛ととらえて、気にせずに。他人の嫉妬に巻きこまれないことも大事な処世術です。


**相手を「すごいね」「よくやっているね」と認めるだけで、大人の視点になれます**

## 15

# 「余計なお世話」には、緩い変化球で返す

30代独身の友人は、50代以上の女性たちから「結婚はしたほうがいいよ。だれかが隣にいたほうが心強いから」などと価値観を押しつけられることがあるとか。

そんな人は、大抵、マウントが入っているもの。ついムッとして「余計なお世話です」とか「いいえ、一人でも生きていけますから」などと直球の応戦をすると、平行線の議論になりがち。友人はいつもこう答えているといいます。

「私、『独身は自由で羨ましい。結婚なんてしなくてもいいわよ』って言われることも多いんです。『結婚したほうがいい』って言える人は、本当に幸運な結婚で、相手もよかったんだと思うんですよ」

大人の対応に、相手も「あら、そうかしら」とにっこり。相手の価値観を否定も肯定もせずに、論点ずらしの緩い変化球を投げることで、だれも嫌な思いをしなくて済

むのです。

友人は高齢者が多い田舎に移住して、可愛がられる存在になっています。高齢者から「畑でとれた野菜をあげよう」「草を刈ってあげる」「人を紹介してあげる」「飲み会に入れてあげる」と、ありがたい親切も、余計なお世話もあるようですが、彼女はまず、「ご親切にありがとうございます」「さすが○○さんですね」などと感謝と敬意を示します。このワンクッションがあるだけで、相手の気持ちがほぐれるのです。

そのうえで、「今回は要らないです」「ちょっと考えてみますね」「せっかくなら、こういうのが欲しいな」と素直に伝えて、選択権は自分にあることを示すと、余計な期待感も抱かせずに、やんわりとかわすことができるといいます。

相手の価値観や親切を、けっして否定しないのが大人の対応。大人は「さまざまな価値観があり、選ぶ権利はいつも自分にある」ということがわかっています。だから、相手がぐいぐいと親切の押し売りをしてきても、笑顔で余裕の対応をするのです。

**事あるごとに「感謝」と「敬意」を示しておくと、正直な自分でいられます**

## 16 「～してくれない」と不満に思っているだけでは、なにも手に入りません

絵本画家いわさきちひろさんのエッセイにある、こんな言葉が好きです。

「大人というものはどんなに苦労が多くても、自分のほうから人を愛していける人間になることなんだと思います」

前段には、娘時代は親の苦労はわからず、ちゃんと愛されているのに、親の欠点が許せなかったこともあった。今は逆の立場になって、家族にできるだけのことをしたいと思うのは、きっと私が親の力を借りずに、自分の力でこの世を渡っていく大人になったからだ……というようなことが書かれています。

生きる力が備わったときに、「与えてもらう側」から「与える側」になるのは、生きとし生けるものの節理であり、自然な姿なのです。

しかし、大人になっても与えてもらうことばかり考えている幼い人も多いようです。

そんな人は元気であっても、自分から人に与えるという考えはなく、「〜してほしい」と要求したり、「〜してくれない」と不満を言ったりします。

家族が自分の思ったようにしてくれないと嘆いていても、なにも変わりません。

「本当に与えられていないのか」「自分はなにを与えているのか？」と問いかけてみるといいでしょう。自分の接し方が変わることで、状況は変わっていくものです。

仕事で上司が認めてくれないのが不満でも、そもそも人は理解してくれないもの。それでも腐らず、自分のできることを粛々とやっていくしかないのです。

私は50歳を過ぎても人に与えてもらってばかりですが、少しでも多く与えたいと思います。やさしくする、話を聞く、教える、若者にご馳走する、年上を助ける……小さな貢献でも人に喜んでもらえるのは、気分がいいもの。誇りや生き甲斐にもつながります。

自分のほうから人を愛していける、愛情深い大人になりたいものです。

**「愛すること」は、相手の欲しいもの、必要なものを想像して与えることです**

第二章

# 大人のマナーは
# ここが違う

## 17 自分から挨拶しないのは、〝甘え〟です

職場でも近所でも、自分からは挨拶しない、挨拶をされてもボソリと目も合わせずにつぶやくだけ……という人がいるものです。

理由は「内向的で恥ずかしがりや」「人づき合いが苦手」「挨拶の必要性を感じない」などいろいろあるでしょうが、心の奥に自信のなさと、人を信用できない気持ち、そして、いくらかの〝甘え〟があるのではないでしょうか。

挨拶はマナーの基本中の基本。「あなたに心を開いています」というメッセージになります。内向的な性格の人でも、その場所で生きていこうと思うなら、「おはようございます」と自分から挨拶したほうが、なにかと助けられることもあるはず。

にっこりと笑顔で声をかけたり、「今日はいい天気ですね」「お久しぶりです」とひと言加えたりするだけで立派な会話になり、こちらが心を開いていることを示せます。

挨拶をしない人は、深く考えていなくても、まわりからは素っ気なく見えてしまう。「嫌な感じ」「礼儀がない」「仲良くしたくないのだ」と不信感をもたれて、対等な関係を築くことはできないでしょう。そんなところから、仕事がスムーズにいかなかったり、ご近所トラブルが生まれたりするリスクが高まるのです。

大人であれば、自分からにっこりと挨拶をしたいもの。それで相手が無視して、心を開かなくてもいいのです。自分の気持ちがいいからという自己満足でもありません。

挨拶をすると、すぐに会話が始まる相手、社交辞令で終わる相手、よそよそしい相手など、それぞれどのくらいの距離を保てばいいのかの目安がつきます。相手の対応からほどよい距離感がつかめたら、摩擦を生まずにおつき合いがしやすくなるわけです。

そして、相手がどんな人でも、どんな態度であろうと、自分は心を開いて「いつでもウェルカム！」というオープンな気持ちを示すのが大人ではないでしょうか。

## 互いに心地よくつき合うために、大人のマナーはあります

## 18

# 人によって態度を変えない

入居するビルの駐車場で、清掃業者の高齢女性が粗大ゴミを運んでいました。「重そうだな」と思った瞬間、近くにいた若い男性がさっとやってきて「持ちますよ」と手を貸したのです。「なんと親切な若者だろう」と好印象。「たいへんそう」と思っても、さっと行動に移すことは、普段からそうしていないと意外にできないものです。

彼はいつもビルの管理人さんにも「お疲れ様です」と丁寧に挨拶していて、以前から「感じのいい青年だな」と思っていました。だれに対しても礼儀正しく、やさしい人は、まわりへの敬意を感じるので、愛されるのです。

上司や先輩、お客、取引先の社長など、自分よりも立場が上だと感じる相手に対しては、ほとんどの人が礼儀正しく振る舞うでしょう。しかし、部下やパート、下請け会社の人、宅配業者、タクシーの運転手、お店のスタッフなどに対しては、目を向けないどころか、失礼な態度をとる人もいます。

とくに歳を重ねるほど「人によって態度が変わる」という人が目立ちます。自分のほうが「立場が上」と勘違いして、雑な言葉や態度を振り撒いてしまうのです。

自分はうまく立ち回っていて、関係のない人にはどう見られてもいいと思っているのでしょうが、賢明な振る舞いとはいえません。どこかでだれかが見て失望しているし、蔑ろにされた人の恨みは、意外にしつこいのです。

立場が上になるからこそ、だれに対しても失礼のないよう、丁寧に接しようとするのが大人の礼儀です。礼儀とは便利なもので、「この人にはどう接したらいいのか」といちいち考えなくても、人の好き嫌いがあっても、だれに対しても礼儀正しくあろうとするだけで、相手を不快にさせることはありません。

「だれに対しても丁寧に接すること」は、もっとも賢明な処世術でもあるのです。

## 立場が上になるほど、自分のほうから近寄って、挨拶をしましょう

# 19 自己中にならない

「会社に自己中な50代がいて、振り回されている」と嘆く女性がいました。

面倒な仕事は人に押しつけてばかり。仕事中もおしゃべりが止まらない。みんなで決めたルールを守らない。自分のことは棚に上げて人のミスを責める……という具合。

「歳をとると、自分のことしか考えないワガママな人が多くなる」と聞くこともあります。たしかに公共の場で人目も憚らずキレていたり、クレーマーになったりするのは、中高年が多いかもしれません。だれもなにも言ってくれないまま、判断力が衰えると、〝裸の王様〟のように、残念な状態に陥ってしまうでしょう。

自己中心になってしまう理由は、育ちや性格的な問題もありますが、他人の気持ちを想像する習慣がないからでしょう。いじめやパワハラ、セクハラが起きてしまうのも想像力の欠如。相手の表情を見ることもなく、自分勝手な論理で突き進むのです。

一方で、歳を重ねるほど思いやりがあり、慎み深く、円熟味を増す人たちもいます。彼らはどんな人にも敬意を示し、若い世代の話も面白がって聞く習慣があります。

「今だけ、金だけ、自分だけ」という〝三だけ主義〟という言葉が流行ったことがありました。社会のリーダーたちが目先の経済や、自分の利益だけを優先してきた結果、つぎの世代を想像したり、みんなの幸福を考えたり、弱い立場の人にやさしくしたりすることが蔑ろになってしまったようです。もちろん、中高年にも若い世代にも、身のまわりに目を向けて、社会をよりよくしようと活動している人はいるのですが。

大人と子供の違いは「世界観の違い」といいます。

自己中心の世界観から、自我を確立して客観的な世界観を獲得する。自分だけでなく、相手の立場、他の人の立場になって考えられるのが、本来は大人というものです。

自己中の大人、思いやりのある大人、どちらのタイプに向かって進むのか、私たちは日々、試されているのかもしれません。

## 「相手が嫌がることはしない」と、相手の目線で見るのが大人の作法です

## 20 さりげない気遣いのできる人、できない人の違いとは……

飲み会の席で「そろそろ帰りたいんだけど、盛り上がってるしなぁ」と言い出せずにいたところ、ずっと年下の男性が「アリカワさん、家が遠いですけど、お時間、大丈夫ですか？」と振ってくれたことがありました。まわりの人のことを考える、さりげない気遣いに感謝しつつ、「じゃあ、そろそろ……」と甘えたのでした。

女性でも男性でも、どんな年齢でも、さりげない気遣いができる人は、大人だと感じます。たとえば、重たい荷物を持っている人には「手伝いますよ」、だれかが寒そうにしていたら「エアコンの温度を下げましょうか」と声をかける。レジで買い物が少ない人が後ろにいるときは「お先にどうぞ」と譲る。電車やバスで妊婦さんや高齢者がいたら、さっと席を立つなど、まわりに目を向けることができるのです。

また、仕事でミスをして落ち込んでいる人には、さりげなくお茶に誘って、なんでもないおしゃべりをしたり、場合によってはそっとしてあげたりするのも、あたたかい気遣い。だれかが「気にかけてくれる」という状態は、人間にとって最高の安心。自然にまわりに心地いい空気ができていくのです。

気遣いのできる人は、まわりを観察する心の余裕があります。

反対に、気遣いのできない人は、自分のことで精一杯で、まわりが見えていない。人と話しながらスマホをいじっていたり、まわりの迷惑も考えずに大声で話したり、混んだ電車で我先にと席を横取りしようとするのは、意外に中高年に多いようです。

気遣いができる人になるには、「あんなふうに、さりげなく気遣いができる大人になりたい」というお手本をもつのが近道。自分がやってもらって嬉しかったことを、つぎは自分から実践してみるのもいいでしょう。

気遣いは、さりげないことほど相手の負担にならず、歓迎されるもの。ほんの少しの思いやりで、相手の心も、自分の心もほぐれるのです。

**気遣いは押しつけにならないよう、「さりげなく」がポイントです**

# 21

# 人知れずいいことをする

叔母の法事に行ったときのこと。お寺のご住職に叔母のことを「お元気なときは、毎週お墓参りに来て、お寺の庭掃除までしてくれましたよ」と言われて、親戚一同びっくり。叔母の子供たちさえ、そのことを知らなかったのです。

ひっそりと先祖の供養をしていた行いに感謝するとともに、いつも控えめで、まわりのことを気遣っていた叔母の人柄を偲び、私もそうありたいと思ったのでした。

「陰徳を積む」とは、人に知られることなく、密かによい行いを重ねることです。ほかにも、なにげなくゴミを拾ったり、公共のトイレの洗面台を拭いたり、駅の自転車が倒れていたら並べたり、自然災害の被災者のために寄付したり……と、よい行いをあたりまえのこととしてやり、大げさにしたり、自慢したりしない人は、大人の品格を感じます。

「陰徳」に対して、「陽徳」というのは、人が見ているところで、よい行いをすること。それが悪いわけではありませんが、「いいことをしている私を見てほしい」という承認欲求を満たすことで、せっかく貯めた徳が消費されてしまうのです。

「陰徳」は、直接的な見返りを期待していないので、貯金のように徳がどんどん貯まります。「なぜか自信がもてる」「なぜか謙虚になれる」「なぜか人とのいい縁がある」「なぜか運がいい」など、物事が自然にいい方向に導かれていくのです。

一流のスポーツ選手や芸能人がゴミ拾いやトイレ掃除をする習慣があるのは、そんな陰徳を積んだ結果かもしれません。

人が見ているかどうかは関係なく、少しでも人の役に立つこと、喜ばれることをする、人が困っていたら助ける……。損得を考えずに、〝あたりまえのこと〟としてやり、満足できる人は、最終的にいちばん徳を積み、いちばん得になっているのです。

## 「人が見ているからする」「人が見ていなければしない」では誇りにはなりません

## 22

# 「言っていいこと」「言ってはいけないこと」がわかる

ときどき、「そんなこと言う⁉」とびっくりするような失言をする人がいるものです。たとえば、相手を傷つけるような嫌味なひと言。感情に任せた暴言。悪意はないけれど配慮のない言葉など、言われたほうはしっかり覚えているものです。

言っていいこと、言ってはいけないことの区別がつけられるのが大人というもの。とくに、いちばん言いたくなるときに、いちばん我慢できるかが問われます。

まさに「口は災いのもと」。一度口から出た言葉は、元に戻せないのです。

ある高齢の政治家が、女性大臣のことを「このおばさんやるね」「そんなに美しい方ではない」など、褒めたつもりで容姿や年齢について揶揄する発言をして、大炎上したことがありました。昭和の感覚で「これくらい許される」と思っていたのでしょう。

また、女性大臣もその失言を受け流して、抗議しないことに批判がある一方、「大人の対応」と評価する声もあったようです。女性への失言はいくらでもあった時代、いちいち抗議していたら、大臣まで上り詰めることはできなかったのかもしれません。

失言をしてしまうのは、大抵、よく考えもせずに、うっかり口をすべらせてしまうから。焦って話そうとしたり、感情に任せたり、ウケをねらったりして勢い余って、後先や相手の気持ちに頭が回らないのです。ゆっくり間をあけて話すことで、ある程度、防げます。感情的になりそうなときは、冷静になってから話すことが得策。

私は、薬の副作用で感情的な言葉を吐く母に対して「売り言葉に買い言葉」にならないよう、話す前には口を濯《ゆす》ぐようにしていました。「口から出る言葉が清らかで、人の心を汚さないように」と祈りつつ。身内にはつい言葉が荒くなってしまうものです。

たったひと言が一生の後悔になることもあるので、できるだけ冷たい言葉、ネガティブな言葉は使わず、人の心をあたためるポジティブな言葉を使っていきたいものです。

**一瞬、迷ったときは言わない。失言しても謝れる人はトラブルを防げます**

23

# 「傲慢になったら命取り」だと知る

これまでさまざまな人にインタビュー取材をしてきました。

経営者でもアーティストでもアスリートでも、いわゆる「一流」と呼ばれる成功者ほど謙虚で礼儀正しく、同じ目線で話してくださる。そうでもない人ほど「あの仕事はオレがやったんだ」「自分に言わせると、あの人はまだまだだね」と、自慢やマウントで傲慢な態度をとる傾向がありました。

一流の人は、「自分は偉い」「自分は正しい」と傲慢になっては命取りとわかっているので、つねに謙虚な態度。まわりに感謝ができなくなって摩擦が生まれることや、慢心すると、成長が止まることを実感していて、立場が上になるほど、腰を低くして生きようとします。

それに「実るほど頭を垂れる稲穂かな」は、単なる処世術の言葉ではないのです。

もっと成長したいと広い世界に触れるほど、自分の小ささが際立って見えてくる。「自分はまだまだ。もっと精進しよう」と、自然に謙虚になっていくものです。「傲慢」と「自信」を履き違える人が多いようです。

傲慢な人は、自分にスポットライトを求めます。失礼な態度で他人の価値を落としたり、勘違い発言をしたり、人の助言に耳を貸そうとしない。そのため、傲慢な人からは人が離れていき、精神性の成長もないのでしょう。

対して、自信のある人ほど人の話を聞き、人にスポットライトを当てます。自分自身に対して「こんな言動はどうなのか」「人はどう感じるか」「ほかに対応はないか」と、謙虚な疑問を持ち続けているので、成長の〝伸びしろ〟もあるのです。

私たちの本当の敵は、自分の外側にあるのではなく、傲慢、憎しみ、嫉妬、貪欲といった内側にある心の毒です。犯されていることに気づかないので、手に負えない。つねに高みを目指すなら、「今の自分は大丈夫?」と、確認する必要があるのです。

**人生最大の病は傲慢。成功、成長を望むなら、謙虚にならざるをえません**

24

# 謝るときは言い訳しないのが、〝大人の謝罪〟です

遅刻したとき「電車が遅れたから」「目覚ましをセットし忘れて」「前の会議が長引いて」などと、言い訳をする人がいますが、大人として見苦しいものです。

先日は、ある男性が飲み会で、友人女性の容姿を揶揄《からか》って、「ごめんね」と謝りつつも「でも、お酒の席のことだから」と言っていて、心底驚きました。言われた側がそう言って許すならともかく、自分を正当化しては謝ったことにならないでしょう。

また、喫茶店で見知らぬ女性が通り過ぎるとき、私のテーブルに置かれていたコーヒーカップを倒してしまったことがありました。その女性は私の服が汚れているのをちらりと見て、ひと言、「弁償しますから」。「申し訳ありません」と言ってくれれば、「大丈夫ですよ」で済む話なのに、謝り方を知らないばかりに、摩擦を生むのです。

大人の謝罪は、言い訳をしないこと。相手に寄り添って誠心誠意、謝ることが大事。

多少、大袈裟なくらいがちょうどいいのです。「申し訳なくて、自己嫌悪に陥ります」と反省したり、「今後こうしたいと思います」と改善策を考えて実行したり、場合によっては「私の気が済みませんから」とお詫びの品を贈ったりと、相手の期待を超えて。

極端な話、「どうぞ頭を上げてください」「そんなに気を使わなくても大丈夫ですよ」と言ってもらえるくらいなら、逆に信頼関係を築けるでしょう。

また、謝る相手に対してどう返答するかも、大人の度量が試されます。

先日は、私が空港の飲食店でスーツケースを間違えるという大失態を犯しました。色違いだと気づき、飲食店に持って行ったのは1時間後。相手の20代の男性は飛行機の出発時間が迫っているというのに、にっこり笑顔で「照明が暗かったので間違えやすいですよね」と1ミリも責めることはなく、お詫びの品も受け取らずに、爽やかに去っていきました。若いのに見事な対応に脱帽。私もそうありたいと痛感しました。

謝るときも、謝られるときも、相手に寄り添う気持ちをもちたいものです。

## 相手のミスを責めない人は株が上がり、大きな信頼を得ることになります

25

# なんでもメールで済まそうとしない

ある友人が「アルバイトだけでなく、社員も『休みます』の連絡をLINEやメールでしてくる。辞表までメールに添付して送ってくるのよ」と嘆いていました。

昨今はSNSのメールのやり取りだけで仕事が完結することもあり、コミュニケーションの方法も、リアルよりデジタルの比重が高くなっているのでしょう。

しかし、なんでもメールで済ませては、心がないように感じるのです。

急ぎでない報告や連絡ならメールは有効ですが、重要なこと、相談ごと、謝罪などをメールで済まそうとすると、誠意や礼儀がないという印象。また、同じフロアの相手に、急なトラブルの説明や対応をメールの長い文章に書いて何往復するのも非効率。ニュアンスがうまく伝わらず、「話したほうが早いのに」と思うこともあります。

世代が変わっても、コミュニケーションの本質は同じ。メールよりも電話、電話よりも会って話したほうが、理解し合えるし、親しみも感じます。私たちは無意識に、相手の表情や声のトーン、雰囲気などの非言語からの情報を受け取っているからです。

コミュニケーションが拙い人の特徴の一つは、血のかよったコミュニケーションをとろうとしないことです。家族や同僚にお礼を伝えるときも、メールでは社交辞令のように感じられるかもしれません。顔を合わせて「ありがとう。嬉しかったよ」と笑顔で言うだけで、相手も笑顔になるはず。そんなところから多少無理を言ったり、助け合ったり、ミスを許したりできる信頼関係ができていくのです。

ただし、口だけでは「言った」「言わない」のトラブルになりがち。仕事であれば話したあとに、決まったことや重要な情報など〝備忘録メール〟を送ることをお勧めします。

大人の会話は「伝える」ではなく、好意も含めて相手に「伝わる」が基本なのです。

**メールより電話、電話よりも会って話したほうが、信頼関係が築かれます**

## 26

# 大人の「本音と建前」は嘘っぽくて気持ち悪いですか？

大人になると、「顔で笑って、心で泣いて」ということが多くなります。仕事では、ワガママな客にムカついていても、「かしこまりました！」とにっこり。残業で疲れていても、後輩たちに「あと少し。がんばりましょうね」なんて笑顔で声をかける。家族に心配ごとがあっても、それを見せずに淡々と働いていることもあるかもしれません。「本音と建前」があるから、仕事や生活、人間関係に摩擦を生まないのです。

上司から飲みに誘われて「つまらなそうだから、行きたくない」と思っていても、「あら。今日は予定が入っていました」と、行けない体を装う。お土産に苦手なものを渡されたときも、ひとまず「お気遣いありがとうございます」と受け取るでしょう。「本音と建前」は相手への思いやり。本音でぶつかると、なにかと生きづらいのです。

子供も「やだ」「嫌い」「行きたくない」と本音で生きているようですが、それを叱られたり、社会性が出てきたりすると、本音を隠すようになります。親が傷つかないように振る舞ったり、弟妹におもちゃを「僕はいいよ」と譲ったりするわけです。ただ、大人も子供も「本音」を抑えて、「建前」だけで生きていると、苦しくなってくるもの。自分がどう感じているのかもわからなくなるでしょう。

自分の「本音」と「建前」を認めて、使い分けられるのが大人なのかもしれません。心を許す人には「あ～、しんどかった！」「腹立つなー、もう！」と本音で話したり、自分の怒りや苦しさを自分でわかってケアしたりと、対処の仕方も見えてきます。

いつも本音を見せずに接していると、「目が笑っていなくて怖い」「なにを考えているかわからない」と心の距離は埋まりません。

正直な人は、嘘がないのでそれだけで信頼されるものです。職場でも家庭でも、友人関係でも、できるだけ心を開いて、正直でいられる環境を作ることもまた、生きやすさにつながるのです。


**本音だけでも、建前だけでも生きづらい。うまく使い分けるのが大人です**

## 27

# 「ルールに頼らない」のが大人？ それとも「ルールに従う」のが大人？

大昔に働いていた会社には謎のルールが多くあり、とても窮屈に感じたものです。たとえば髪のアクセサリーはＮＧ。事務室では上着を禁止。始業30分前に出社して社長室に挨拶に行く。「報連相（報告・連絡・相談）」を１日３回行うなどなど。

「そこまで決めなきゃいけないなんて、子供じゃないんだから！　大人は自分で判断できるのに」と言ったら、同僚に「納得できないルールでも、それに従うのが大人なの！」と言われて、それも一理あると納得。たしかにルールがあることで統制がとれるし、決めてもらったほうが、いちいち考えなくてもいいから楽でしょう。

しかし、ルールに縛られ過ぎると非効率なことをしていたり、思考停止になって積極的な改善がなかったりすることも実感するのです。

ルールは所詮、目的を叶えるための手段。合わなくなったら変えるものです。

手段であるルールを守ることよりも、「なにを目指すのか？」「なにを大事にするのか？」など、本質的な目的やビジョンを共有することのほうが先決です。

夫婦や家族の間でも「ゴミ出しと風呂掃除は夫」「毎日、帰宅時間を連絡する」「週末は外食する」などのルールが関係を良好にすることもありますが、窮屈に感じたり、守らない相手を責めたりしては本末転倒。ルールは最小限にして、思いやりとコミュニケーションで柔軟に動いたほうが、心地いい関係になれるかもしれません。

「ルールさえ守っていれば安心」「みんなと同じことをすれば大丈夫」と思考停止になっている大人も多いようです。「学校の言うことは間違いない」「会社に従っておけば安泰」「年金さえ払っておけば老後は困らない」と盲目的に信じて、痛い目に遭う可能性もあります。

本当の大人は自分を守るためにも、目的を叶えるためにも、「これって必要？」「ほかに方法はない？」と、あたりまえになっている常識さえも疑うのです。

**いちばん大切なことは、目的を見失わないこと。ルールは柔軟に変えられます**

# 28 子供でも理解できる簡単な言葉で話す

私は以前、だれも知らないような四字熟語や、横文字の専門用語を使って話す人のことを「すごいなぁ」「大人だなぁ」と羨望の眼差しで見ていました。

でも、今は難しいことを、子供でも理解できるような簡単な言葉で話す人のことを心から尊敬するし、「そんな聡明な大人になりたい」とも思うのです。

なぜなら「話がわかりやすい」は相手へのやさしさ。どんな世代にも安心感、信頼感を与えられるから。たとえば、医師が病気のことを説明するとき、ベテラン社員が営業をするとき、若者がパソコンの使い方を教えるときなど、つい専門用語やカタカナ言葉を使ってしまいがち。相手がキョトンとしていると「こんなこともわからないの?」という態度になる人は、頭がよくても、心が未成熟だと感じます。

対して、相手に目線を合わせてわかりやすい説明をしてくれる人や、相手の表情を見ながら「わかりにくいですよね」と寄り添ってくれる人は、心の余裕を感じます。

ある知人が親切心から高齢者に「今度、アテンド（案内）しますよ」と言ったら、「そんな横文字を使われてもわからん！」と不機嫌になったとか。「これくらいわかるだろう」と思っても、人によって聞いたことがない言葉は多いもの。知らない言葉が一つあるだけでストレスを生み、聞く気がなくなってしまうのです。

「わかりやすさ」とは、頭のなかで「イメージできること」。わかりやすい言葉で噛み砕いて伝えるだけでなく、身近な「たとえ」に置き換える、大事な点だけに絞ってシンプルにする、ゆっくりと話すなど、相手の頭で考える必要があります。

それくらい寄り添えたら、相手は心地よさを覚えて、「この人は頼りになる！」と信頼を寄せるようになるのです。難しい言葉を知っていても、わかりやすい言葉で表現できるのは、その意味を十分に理解できている大人の技術なのです。


**わかりやすさとは、イメージできること。相手の頭で考えて表現することです**

## 29

# 許されるワガママ、許されないワガママ

「ワガママだと思われないようにしよう」とまわりに合わせながら生きていると、心のなかの小さな違和感に気づかず、しんどくなってくることがありませんか？

私は20代まで、好き嫌いをなくすことが大人だと勘違いしていました。

そんなとき、30歳くらいの素敵な先輩が食事会で注文するときに、「チーズが苦手なので、私の分は抜いてもらえますか？」ときっぱりと言っているのを聞いて、「大人だから、好き嫌いを言っていいのだ」と、ものすごくホッとした覚えがあります。

その先輩は「カラオケは苦手なので歌いません。でも聴くのは好きよ」「二次会の途中で失礼するけど許してね」と自分を貫くけれど、まわりを不快にはしない。そんな姿は大人っぽくて、格好いいと感じたのです。

子供は成長するに従って他者との交流のなかで、自分を出すと摩擦があることを知

ります。好き嫌いや苦手を矯正しようとすることもあるでしょう。

しかし、大人は「好き・嫌い」「得意・苦手」をわかって、そのままで生きてもいい。自分の気持ちをいちばんに尊重してもいいではありませんか。

「ワガママ」と「自分を貫くこと」は似ているようで、まったく違うもの。「ワガママ」とは、相手やまわりへの思いやりがなく、平気で迷惑をかけることです。

50代の友人で「子育てが一段落したので海外留学したいが、ワガママなのかなと思う」と言っている人がいました。でも、自分の幸せを考えることは、ワガママではありません。まわりの理解が１００％得られなくても、自分を貫くときもあるのです。

大人は「自分がどう感じているのか」「どうしたいのか」をちゃんとわかっているので、単に我を通すのではなく、「ここは相手に乗ろう」「ここは好きにさせてもらおう」「ちゃんと話し合おう」など、状況によって自分の意志で決めます。だから、摩擦を少なくして、自由に生きられるのです。

**自分の気持ちを大事にしながらも、相手を思いやるのが大人というものです**

## 30 ひとさじの遊び心をもつ

100歳まで生きた日本画家、堀文子さんの本にこんな言葉があります。

「大事な話ほど、笑いがなくてはいけません。そうでないと野暮になってしまいます」

大事な話をするときは、真面目な顔で真剣に伝えなきゃと思っていました。

でも、真面目だけでは相手も身構えてしまうし、暗い雰囲気になってしまうもの。

自分の気持ちをちゃんと伝えたいとき、相手に忠告したいとき、困ったときなど、ひとさじの笑いがあることで互いに救われる。真面目な分別だけではなく、そこに〝ひとさじの遊び心〟を加えてさらりと伝えたほうが粋で、格好いいと感じます。

ヘラヘラした笑いや茶化した笑いではなく、思わずクスリと笑ってしまうような〝ユーモア〟を共有することで、リラックスして心も通い合うのです。

たとえば、叱られるとき、怖い顔で「ミスをされるとみんなが迷惑します」と責められると、萎縮するか反撃するか。「今度やったら流罪にします」とユーモアが混じっていると、「二度とやりません！」と反省しつつ、スムーズにつぎに移れるのです。

ユーモアとは、天性のものではなく、どんな些細なことにも面白味を見つけること。「面白いね」と言っているだけで会話も弾んでくるし、真面目さや黒歴史のなかに滑稽さを見つけて「笑っちゃうネタ」にすることもできます。ユーモアのある人は、物事を多方面から見られる人であり、たくましさのある人ともいえます。

毎年、話題になる「サラリーマン川柳」は、サラリーマンの悲哀や、生活の悲喜交々を詠ったものですが、哀しみや寂しさを笑いに変えられるのが、大人というもの。頭を抱えるような問題でも、最後は笑い飛ばせる人も、器の大きさを感じます。

ユーモアは自分を助けてくれるし、まわりの人も助けることができる。私は歳を重ねるほど、ユーモアの重要性を実感しているのです。

**ユーモアとは、多角的に物事を見る視点であり、一つの〝救い〟です**

# 第三章

# 大人は仕事で成長できる

# 31 責任から逃げ回らない

何歳になっても「責任のある仕事はしたくない」「正社員になると責任が重くなるから嫌」と〝責任〟という名のプレッシャーから逃げ回っている人がいます。

責任とは、役割によって「背負わされるもの」と考える人も多いでしょう。

でも、大人はどうやっても、責任が「ついてくるもの」だと思うのです。子供は精神も経済力も自立していないので、親や先生の言うことを聞き後始末もしてもらえます。しかし、大人は自分でしたことの責任は、基本的に自分にあります。

仕事の責任とは、「投げ出さずに最後までやり切る」「結果を人のせいにしない」という単純であたりまえのこと。一つひとつの仕事に責任をもつから、自由な判断や選択ができるし、大胆なチャレンジもできる。失敗するのも自由。「それはそれ」として結果を受けとめ後始末をして、改善していけばいいだけです。

大人は自分の人生に責任をもつから、その範囲でなにをやってもいいのだとポジティブにとらえると、見える景色も変わってきます。

「責任をとりたくない」のは、自分にプレッシャーを与え過ぎて、逃げてしまうことに原因があるのかもしれません。責任を避けている以上、自立できないのも事実。

どんな大きな仕事も「あたりまえの小さな約束」で成り立っていて、責任も一つひとつは「小さな約束を守ること」の積み重ねです。

私はさまざまな立場で働きましたが、上司や経営者としての責任より、アルバイトで「自分が出勤しないと店が開かない」という責任のほうが重く感じたほどです。人から押しつけられていると感じる責任は、より重く感じるものです。

一つひとつの責任をリスクだと考えるのではなく、自分の夢の実現、報酬や成長などなにかを得るためにセットでついてくるものと考えることで、まわりに「責任感がある人」として映るのではないでしょうか。

**小さな約束を守ろうとする人は、だれからも信頼されるようになります**

32

# 「成功すること」より「成長すること」

仕事での「成功」とは、とても曖昧な言葉。たくさんのお金を稼ぐことや、称賛される立場につくこと、優れた業績を残すことなど、いろいろな意味があるでしょう。

30歳でも50歳でもただ「〝成功〟したい」「稼げる仕事はないかな」などと言っている人は、とても幼く感じてしまうのです。なかでも50代60代は、バブル期の「楽してお金が入ってくる」という体験があったり、自分の能力の限界も見えてきたりして、「なにかないかな」と、おいしい話をキョロキョロと探すのかもしれません。

対して、どんな年齢でも「〝成長〟できる仕事がしたい」「自分を試してみたい」などという人がいます。そんな人は、今の状況に甘んじることなく、つねにチャレンジをしています。

50代の友人は、彫金を学んでアクセサリーブランドを作ったと思ったら、海外の大学で日本語講師になり、副業で和菓子職人……と、つねに挑戦を面白がっています。

別の友人は20代で「成長できる場所にいたい」と出版社でインテリア雑誌の編集に関わり、転職してインテリアコーディネーターの仕事をしています。

彼らはいつも挑戦を楽しんでいて、少々の失敗も、成長の糧ととらえているので、へこたれず、むしろパワーアップする。人間力も含めて、自分が成長することで、仕事は後からついてくるとわかっている、地に足のついた考え方です。

多少の成功を収めても、それが永遠に続くことは保証されません。どれだけ立派な学歴や肩書きを得ても、実力がともなっていなければ継続はできないはずです。

人生１００年時代、時代や環境の変化で、それまでの成功が一変することは多々あるでしょう。

「成功」を目指しても、それは約束されませんが、自分のなかに蓄える「成長」なら約束されます。結局のところ、自分が成長していくことでしか、確実な道はないのです。


**成功は一時的なもの。仕事のスキルや人間力を高める成長は、一生続きます**

## 33 「才能がある人は羨ましい」と言っている人は、そもそも試してみたんですか？

50代になって定年の話題が多くなってくると、「やりたいことがある人はいいよね」「才能のある人は羨ましい」などと言う人がいます。大抵は会社員や公務員など組織で働いてきた人で、「これまで仕事は、会社が与えてくれた」「個人的にはやりたいこともなく、才能もないから、仕事が見つからないのだ」というわけです。

しかし、会社員が5年と続かなかった私から見ると、定年まで仕事ができること自体、立派な才能。体力や一般常識など、仕事の基礎力は十分備わっています。

ただ、「やりたいこと」や「才能」は、ある程度の期間、やってみないことには見えてこないのです。最初からその芽が見えている人はごく稀で、たとえ好きや才能を仕事にしたとて、それでうまくいくか、継続できるかはわからないでしょう。

若い人でも「自分にはなんの才能もない。同級生はそれぞれ認められているのに」

なんて人もいますが、自分の力は〝道具〟のようなもので、あれこれ試してみないことにはわからない。私が考える才能とは「続けること」であり、少なくとも1年から数年は積み重ねなければ、「あなたにお願いしたい」と評価され、信頼される仕事にはなりにくいのです。

かくいう私も「才能がある人はいいなぁ」「やりたいことがある人はいいなぁ」と羨んでいた一人。ですが、どんな職場でも「やりたいことより、やれることをやろう」とあれこれ挑戦するうちに、「書く仕事」に辿り着きました。

多くの人は最初から才能なんてなくて、いくつか試し、手応えのある仕事を何年か続けてから「これならやっていけそうだ」と確信するのではないでしょうか。

人と自分を安易に比べるのも、幼稚な思考。どんな人にも、どんな年代でも、「自分だからやれる」ということは、かならずあるものです。それを試して、一定期間続けてみれば、やりたいことや才能になるのではないでしょうか。

**「やりたいことより、やれること」から考えたほうが、仕事になりやすいです**

## 34

# すぐに「無理」「できない」と言う人には不自由な末路が……

仕事を任せようとしても、すぐに「無理無理」と逃げたり、途中で「やっぱ無理」と投げ出したりする人は、中高年にもいるものですが、ちょっとズルいと思うのです。なぜならそれは「やれない」のではなく、「やりたくない」から。他人事にして逃げ回っていれば、しんどい思いをすることも、失敗して責められることもないでしょう。

しかし、まわりに甘えて〝逃げ癖〟がついた人の末路は、信頼されなくなり、なにに対しても自信がなく、劣等感をもつようになるはずです。

いつも頼んでいる車の整備士さんは30歳ぐらい。彼から「できません」という言葉は聞いたことがありません。少々面倒な頼みも「できますよ」と軽く答えて、完ぺきな仕上がり。そうやって夢中でやっているうちに、技術が磨かれてきたのでしょう。

また、女性管理職の友人は、仕事のなかで数々の修羅場をくぐってきた50代。

「部下がミスして一緒に謝ったり後始末したりして面倒なことを乗り越えるうちに、大抵のことはなんとかなる！って動じなくなった」と余裕のコメント。

投げ出さずに進んだら、結果がどうであれ、それだけの見返りはあるのです。

「逃げないこと」は、幼い子供のほうが先生になるかもしれません。

子供は自転車の練習で何度も転んでも、鉄棒の逆上がりで何度も落ちても、できるようになるまで繰り返します。彼らは「無理」なんて微塵も思わず、「きっとできる」と、自分ができている姿をイメージし、試行錯誤しながら取り組み、最後はできるようになります。つまりは、能力云々の問題ではなく、やり続けるかの問題。

大人であれば、大きな課題を分解して、一つひとつ、一日一日解決していく見通しを立てることが大事。「これならできる」とイメージできたら、自信をもって進むのみ。ただし、無理をし過ぎているときは、ストップをかけることも責任ある選択です。

## 少々難しい課題に取り組むから、仕事は面白くなるのです

## 35 思い通りにいかないと腐ってしまう人、腐らずに復活する人

世の中には、仕事が思うようにいかなくて腐ってしまう人、うまくいかなくても腐らず復活できる人がいますが、なにが違うのでしょう。

芸能人でもなにかのスキャンダルで消えていく人もいれば、それでも腐らず、できるところから地道に活動して、また表舞台に出てくるようになる人もいます。

一般的な仕事でいえば、腐ってやる気がなくなる要因は、「なかなか実績が出ない」「認めてもらえない」「左遷された」「揉め事があった」などいろいろあるでしょう。

ある30代の女性は、新卒で電機メーカーに入社したとき、得意の英語力を生かして海外事業部で働こうと張り切っていたのに、配属されたのは経理部。しかも上司との関係がうまくいかず、異動願いを出すも、何年も却下され続けたとか。

それでも「腐らない、腐らない」と目の前の仕事に手を抜かず、心が折れそうなと

きは「死なない程度に生きていこう」と転職できるようコツコツと英会話力を磨いていたら、7年後、誠実な仕事ぶりが認められて、アメリカ支社に配属されたのです。まさに大人の〝粘り勝ち〟。あと一年状況が変わらなければ、転職するつもりだったと言いますが、大人はどう転んでも生きる道を探すのです。

人の評価というのは、不平等なこともあります。人生には〝停滞期〟もあるもの。大人というのは、「待つこと」ができる人。相手や環境を無理に変えようとせず、希望を失わず、自分で準備をしながら〝そのとき〟がやってくるのを待つのです。

本当に実力や能力のある人は、どこかで光が当たるときがやってきます。

そのとき、「あの停滞期がいちばん自分を育ててくれた」と振り返るはずです。うまくいかないときは成長できるとき。不貞腐れず、「今の自分はなにが足りないのか」「なにができるのか」と、自分に向き合いながら歩いていきましょう。

**なにかのせいにした時点でゲームオーバー。自分にできることがあるはずです**

## 36

# 自分を犠牲にしてまで、人の期待に応えない

「仕事とは、人の期待に応えること」とは、よく言われます。期待に応えたい。喜んでほしい。がっかりさせたくない……。一見、素敵な考え方のようですが、ひたすら他人の要求に応え続けるだけでは、満足できないのです。

会社の要求に応じて遅くまで残業したり、苦手な仕事を押しつけられたり、さらに家族の期待にも応えたりしているうちに、心がすり減ってくるはずです。

仕事を「期待に応えること」だと仮定すると、つぎの3タイプの人がいます。

1　人（会社やお客）の期待に応える人
2　自分の期待に応える人
3　自分の期待にも、人の期待にも応える人

1のように、自分を失くし、犠牲にしてまで「人の期待に応えなきゃ」と行動する

人は、心のなかに、幼児期にお母さんをがっかりさせて、心がぎゅっとなった〝幼い自分〟が存在しているのかもしれません。この傷ついた子が、相手がお母さんでなくなっても、過剰に「期待に応えなきゃ」とへとへとになるまでやり続けてしまうのです。

2のように、人に認めてもらえなくても、稼げなくても、ひたすら自分の理想を追い求める人は、作家や芸術家、頑固な職人などに多いもの。媚びない、崇高な生き方だとは思います。実力があれば、人気や報酬はあとからついてくるでしょう。

3がもっとも現実的な期待の応え方。「自分はどんな能力を発揮したいのか」「どんな自分でありたいのか」「どんな働き方がしたいのか」といった自分軸をもちつつ、人の期待にも応えていくスタイルを目指すのです。

自分のやりたいことや理想の姿に社会性を加えて、人にも満足してもらえる仕事のスタイルを作れたら、大きなやり甲斐になり、心から仕事を楽しめるのです。

**「仕事の価値」は人が決め、「自分の存在価値」は自分で決めるものです**

## 37

# 仕事は、「面白いもの」ではなく、「面白くするもの」

ある編集者が、仕事ができる人について、こんなふうに言ったことがありました。

「仕事ができる人って大抵、仕事が遅いんです。いつもギリギリか、ちょっと遅れるか。最後の最後までもっとよくしようって妥協しないから、そうなるんでしょうね」

それを聞いて、いつもギリギリの私は、少し安心。できる人は仕事が速いと思っていましたが、そうではないよう。出来栄えにこだわりつつ期限を守ろうとする結果が、〝ギリギリ〟になってしまうのです。

〝プロフェッショナル〟とは、自分の仕事を「もっといいものにできないか」と探究心をもって、とことん突き詰められる人ではないかと思うのです。

正解もないし、ゴールもないから、どこまでも考え続けてしまうわけです。

一方で、「仕事にそれほど興味をもてない」「お金のためと割り切っている」という人もいます。

私もそう思って働いていた時期もあるので理解できますが、同じ時間を過ごすなら、つまらない時間にするより、積極的に探求してみたほうが、楽しい時間になるのです。

大人の仕事は「面白いもの」ではなく、「面白くするもの」。もの書きであれば、「もっといい内容に」「もっといい表現に」「もっといい流れに」といくらでも深めることができます。どんな仕事も真剣に取り組むほど、面白くなっていくのです。

趣味でも料理でも読書でも、そんなに好きではなかったことが、ちゃんとやってみようと向き合ううちに面白さがわかって、好きになるのはよくあることです。

気が進まないときは、まずはともかく丁寧に作業をしてみるといいでしょう。

大人は脳を騙すのも得意。ゆっくり丁寧にやろうとすれば、自然に心がこもり、いつの間にか夢中になっているはずですから。

## 大人の仕事は、子供が遊びに夢中になるようにやりたいものです

# 38 仕事で疑問をもたない人は、搾取され続けます

仕事でも、社会生活でも、なんの疑問をもたずに生きるのは楽。でも、会社やまわりの言いなりになってばかりでは、無駄なことや、おかしなことをやっていて、時間やお金や労働を〝搾取《さくしゅ》〟されていることがあるのです。

大人というのは、一人の人間として、つねに疑問を持ち続ける必要があるのです。本当の意味で自分の身や、まわりの人を守るためにも、いい仕事をするためにも。

大企業で働く30歳の男性がこう言っていたことがありました。

「新入社員のときは、多くの人が仕事のいろいろな矛盾に気づいて『それはおかしい!』って怒っている。でも、30歳以上になると、死んだ目をして『仕事ってそんなもんだ』『大人になろうよ』って言う。そんなヤツしか組織には残れない」

私も痛いほどわかります。最初は正義感をもって抵抗していても、だんだん「言っ

ても無駄」と飼い慣らされてしまう。分相応に大人しくしていると、自分の頭で考えられない都合のいい〝コマ〟になって、こき使われてしまう。そればかりか、今の環境でしか生きられないことになってしまいます。

組織の正義、自分の正義をわかって折り合いをつけていくのが大人というものです。そのためには、小さなことでも疑う必要があるわけです。たとえば書類一つでも「この書類はどんな意味があるの？」「だれのためのもの？」「紙で配る必要ある？」「そもそも要る？」と疑問が浮かんでくるでしょう。

それをいきなり「へんですよね？」「なんでわからないの？」と否定するのも幼稚な人のすること。タイミングやだれにどう言うのかを考えて、効果的なアプローチをするまでが大人です。「ここは黙って従おう」「ここは肯定的に伝えよう」など分別して、ケガをしないように。

自分の頭で考える大人は自然に力がついて、どこでも通用する人材になるのです。

**仕事の小さな違和感に「どうして？」「ほかに方法はない？」と考える癖をつけて**

## 39 自分に満足するから、成長を続けられる

「現状に満足すると、成長はない」「今の自分に納得できない気持ちが、原動力になる」なんてことを言われることがあります。

とくに若い時期は、認められない悔しさや、仕事への渇望感や、不甲斐ない自分への不満などが、現状を変える強烈なエネルギーになることがあります。

私も低賃金のブラックな働き方に甘んじている自分が許せなかったから、本を書いたり、留学したりする力になったのだと思います。

そして、自分なりに一生懸命やっても「まだまだ足りない」と自分の至らなさが目について、それを埋めようとしてきました。

しかし、あるとき、このままでは気持ちの限界がくると感じたのです。つねに自分に不満をもち、自分を叱りながら進むのはしんどく、いずれ嫌になってしまうと。

そこで、私は「不満」ではない、自分を突き動かす、新たな原動力を見つけました。

それは「好奇心」です。これはこれでいい。がんばっている自分を褒めよう。そのうえで、「もっと面白い世界を見たい」と好奇心をもつのです。

頭のなかの口ぐせを「まだまだ」から「もっと」に変えるだけで、顔はしかめっ面から、ワクワクした顔になります。「それ面白そう」「やってみたい！」と、自分でやりたいことを決めて、それをやりきることほど嬉しいことはないでしょう。

「満足」と「成長」は共存するのです。だれもがある時期、渇望感で走ることがあるものですが、大人は「好奇心」と、まわりへの「感謝」にギアチェンジして走ったほうが幸せです。

期待通りにいかなくても、いいではありませんか。「まぁ、そうなるよね」「つぎにいこう」と、大人はまた新たな好奇心をもち、自分に期待して走り続けるのです。


**「新たなものへの好奇心」「自分への期待」「まわりへの感謝」が生きる力です**

## 40

# 一人で仕事を抱え込まない

多くの人は「なんでも自分でできること」「人に頼らないこと」が自立であり、大人の証だと思っているかもしれません。

とくに〝自己責任社会〟といわれる現代では、若者も、母親も、高齢者も孤独。仕事の現場では30歳でも50歳でも「これは自分の仕事だから」と人に頼れず、仕事を抱えて、孤独や不安、絶望に陥っている人が多いのではないでしょうか。

厳しいことを書くようですが、「一人で全部できる」と思うのは傲慢であり、未熟さの現れ。とくに40代50代で体力が衰えたり、新しいＩＴスキルが追いついていなかったりしても、「若いときと同じようにできるはず。いや、経験があるからもっとできるはず」と思い込んで、なんでも抱え込む人が多いようです。

しかし、「自己責任」で突っ走った結果、いろいろなことが中途半端になったり、過労やうつになったりして、潰れてしまうのです。

ほどよく頼るのも、「自己責任」であり「自立」です。大人というのは「自分はこれができて、これができない」「これ以上はきつい」と、そのままの現実を認めて、人に頼ったり、スピードを緩めたりして自分を守ることができる。「人間は万能ではない」と知っているので、自分がどんな仕事にフォーカスすればいいかもわかるはずです。

以前、生活保護を受けなくて餓死するという事件がありました。「頼ることは恥ずかしいことだ」という刷り込みがあったからでしょう。

私も以前は人に頼るのが苦手で、「迷惑をかけるんじゃないか」「自分でやったほうが楽」と抱え込んでいました。しかし「自分が頼ると、相手も頼りやすくなる」「頼ることで、信頼関係が生まれる」と考えを改めてから、堂々と頼るようになりました。

「上手に人に頼る」のは、仕事のスキル以上に大切な生きるスキルかもしれません。

## 頼る人を何人かもつことは、いい仕事をするため、生きるための必須条件です

## 41

# 調子のいいときほど気をつける、調子の悪いときほど楽観的になる

北米のプロバスケットボールリーグ、ＮＢＡの選手が引退して5年以内に6割自己破産し、50歳になるまで9割が自己破産するというニュースを見かけました。

何十億円と稼いでも選手生命は意外に短く、浪費癖は変わらない。よからぬ人に利用されたり、ギャンブル、ドラッグ、セックスに依存したりする傾向もあるとか。

極端な話のようですが、日本でも高学歴で立派な立場の人が不正、不倫、借金、横領、パワハラなどをきっかけに、転落する事例は山ほどあります。身のまわりでも、うまくいっているときに見栄を張って散財する人、人を見下した発言をする人、仕事への態度や生活習慣が乱れる人など、そんなところから足もとをすくわれてしまう。

「自分は絶対に大丈夫」と過信している人に限って、簡単に転ぶのです。

人生ゲームのように絶好調のときに落とし穴が潜んでいて、振り出しに戻る流れは、

人生の鉄板。知らず知らずに慢心が芽生えて、人生はもう安泰、大丈夫だと気が緩んだ瞬間、悪魔が心にするりと入り込んだように、判断や行動を誤るわけです。

物事がうまく進んでいるときこそ、冷静になって自分を振り返る必要があります。ほとんどのリスクは、知性と倫理観をもつことで避けられるもの。自分以外の信頼できる友人や家族に、見守ってもらうことも必要かもしれません。

反対に、調子が悪いときは悲観的になってしまうものですが、あえて楽観的に進みましょう。そんな時期に腐らずにいることで、花が咲く時期がやってきます。

いいことばかりも、悪いことばかりも続かない。結局のところ、どんなときでも、平常心で仕事や生活に向き合おうとする姿勢が、自分を助け、大人にしてくれます。

本当に成熟した人は、一時的な成功に振り回されず、淡々と自分のことに専念しているから、大人として格好よく、尊敬されるのです。

## 慣れたときほど、丁寧に振る舞うこと、丁寧な言葉を使うことが大事です

## 42

# 「出世したくない」は子供っぽいですか？

50代の人から「会社で新しいことをしようとすると叩かれるから、なにもしないほうが得」「定年まではなにもせずにじっとして過ごそう」なんて声を聞きます。

また、若者の8割が出世を望んでいないというニュースを見かけました。

理由は、手当の割に責任や残業が増える、プライベートを充実させたい、自分の得意なことを突き詰めたいなど、いろいろあるようです。「出世を望まない＝やる気がない」のではなく、「割に合わない」と思ってしまうのでしょう。

けっして子供っぽい考え方ではなく、むしろ自分の意志をもっている。「出世しなければ」と当然のように思った親世代に比べて、自由な選択ができるようになった時代だと感じます。

なにもしない50代も、出世したくない30代も、根本的な原因は「なにかしたほうが得」「出世したほうが得」と思えない社会構造にあるのではないでしょうか。「新しいことにチャレンジしろ」と言われても、失敗は許さない。「もっと発言しろ」と言われても、否定される。出る杭は叩かれるという状況では、だれもが縮こまって、積極的に踏み出さなくなるのは当然でしょう。

しかし、キャリアは会社のなかだけで作るわけではありません。若者も今の会社を踏み台に転職する可能性は大、50代の多くは定年退職後もなにかしら働くはず。そのために会社のなかで昇進や実績のキャリアを積んでおくのも、一つの武器。また、会社外で副業や学び、趣味、地域の役員などに挑戦するのも立派なキャリアです。

出世をしたい人はすればいい、したくない人はしなくてもいい。定年前にじっと過ごすのもいいでしょう。ただ、大人であれば、なにかに挑戦することを楽しんでほしいし、そんな姿を後輩や家族にも見せてほしい。そして、だれかが挑戦したら結果だけを評価するのではなく、挑戦したこと自体を大いに評価してほしいと思うのです。

**キャリアを会社の枠内に限定しないことが、キャリアアップの秘訣です**

## 43

# 目立たない仕事でも、「だれかのために役立っている」

私のまわりには年齢に関係なく「料理教室を通して女性たちが話せる場を作りたい」「高齢者が笑顔で過ごせるように生活を支えたい」「地域の大切な空き家を残したい」「教育のあり方を変えたい」など、志をもって働く人が多く、その姿は本当に美しいと感じます。彼らが生き生きと輝いているのは、「だれのため」「なんのため」という目的がはっきりしているから。人は自分だけのためでなく、人が喜んでくれる様子を想像したとき、もっとも力がわいてくるのです。

一方で、最初はそんな目的があっても、組織内の政治や保身に走って、どこを見て仕事をしているかわからなくなっている人もいます。政治や行政、医療、教育、メディア、メーカーなど組織が大きくなるほど、本質が見えにくくなるのかもしれません。

私が取材したなかで、もっとも尊敬する仕事人の一人が、「世界一貧しい大統領」と呼ばれたウルグアイのムヒカ大統領の妻、ルシア・トポランスキーさんでした。自身も国会議長、副大統領も務めた政治家で、経済の不平等を是正しようと尽力し、収入のほとんどを使って、貧困家庭の子供たちのために農業学校を開校していました。

「私たちが死んでいなくなった世代でも学んでくれると思うと、嬉しいじゃない？」と言って、彼女が私に教えてくれたのは、「目的をもちなさい。それが人生を支えてくれるから」、そして「この世界になにかを置いていきなさい」ということでした。

私たちが暮らす平和で豊かな世界は、これまで「だれかのために」と働いてくれた人の置き土産。どんなに目立たない仕事も、だれかを幸せにするだけで、社会をよりよくする力になっている……。

今だけでなく「前世のおかげ」「後世のために」という視点をもってから、私の仕事も、大きな力に支えられているような気がするのです。

**たとえ「喜んでくれる人」が一人であっても、その影響力は計り知れないのです**

# 第四章

# 大人は
# 恋愛で成熟していく

# 44

# 「自分のことだけ見て！」の正体は、「依存心」

幼い恋愛というのは、とかく独占欲が強いものです。相手がほかの人をちらりと見ただけで嫉妬したり、つねにLINEでやり取りをしていないと気が済まなかったり。できるだけ一緒にいようとして、それが叶わないと、「仕事と私、どっちが大事なの？」と相手を責めたりすることもあります。独占されるほうも「それだけ自分のことを好きなんだ」と喜んで、恋が盛り上がることもあるかもしれません。

そんな幼い恋愛も一つの青春。素敵なことだとは思います。

しかし、独占欲の正体は、「好き」ではなく、相手への「依存心」なのです。

相手の愛情を確認しないと不安なのは、自分に自信がないのと、相手のことも信じられないから。自分の欲望で埋め尽くされていて、相手を思い通りにコントロールしようとします。つまり、根っこは自分のことのほうが大事なのです。

男女や年齢に関係なく、独占欲の強い人の恋愛は、本当にしんどい。相手が従順だとツケあがるし、自己主張をするとケンカが絶えません。好きなのに傷つけ合い、「もうムリ」「重い」と疲れ果てて去られるケースは、巷にあふれています。

50代60代も例外ではありません。配偶者を支配下に置くことや、若い恋人が自分から去るのを恐れて、お金やモラハラで束縛しようとする例も山ほどあります。

そんな人が、大人の恋愛にシフトするには、「距離を置く」しか方法はありません。「相手は相手、自分は自分」と言い聞かせて、一人の時間、新しいことに挑戦する時間、友人や家族との時間も大事にしましょう。物理的に離れる時間をもつことで、相手への執着心が和らいで、「子供っぽかったな」と思うときがくるはずです。

大人の恋愛は、大らかな目で見て、相手の意思を尊重するもの。相手に自分の気持ちを押しつけず、多少の寂しさも、苦しさも引き受けることができるのです。

## 相手を感情的にコントロールするのは、子供のすることです

45

# なんでも許す「都合のいい人」になっていませんか？

幼い恋愛としてありがちなのが、「都合のいい女」「利用される男」になるパターン。大抵はやさしい人で、無理なお願いにも応じたり、デートでお金を払うのがあたりまえになっていたり、相手の都合のいいときしか連絡がなくてホテルや自宅だけで会う関係だったりと、「NO」が言えない不公平な関係になってしまうのです。

そんな「都合のいい人」の根っこは、「独占欲の強い人」と同じ。自分に自信がなく、依存しがち。「人は人、自分は自分」と心の境界線が引けないのです。

「支配するタイプ」と「支配されるタイプ」の相性は一見いいのですが、共依存関係に陥って、互いに精神が崩壊していくのも、幼い恋にありがちなパターンです。

「都合のいい人」は、相手のワガママを受け入れてくれる大きな度量があるようにも見えます。本人も「相手に尽くすのが、好きだから」「私がいなきゃダメだから」と、依存心と相手への好きがごちゃごちゃになって、どんどん甘やかしてしまう。

そんな感じで、何年も不倫をしていたり、二股や都合のいい関係に甘んじたりする人がいますが、期間が長くなると疲弊し、拗《こじ》れてくるものです。

「こっちも都合のいい関係なので」「好きだから、リスクも覚悟しています」という割り切ったおつき合いなら、自己責任で大人の関係もいいかもしれません。ただ、自分のことを大切に扱ってくれない相手に不満をもつなら、嫌なことには「NO」と言うべき。それで相手が怒ったり、去ったりするなら、それだけのものでしょう。

精神的に自立している人同士は、相手と一緒にいることで一緒に成長していけます。

かつてある女優が結婚会見で「『だれを好きか』より『だれといるときの自分が好きか』が重要らしい」という友人の言葉を紹介していて、なるほど、その通りだなと。

こんな自分は嫌だ、惨めだと感じる恋愛は、大人として、してはいけないのです。

## 言いたいことを言えない人が、いわゆる〝大人の恋愛〟をするとケガをします

## 46 「どれくらい好き?」と聞いても無駄。言葉はいくらでも嘘をつけるから

「彼、つき合う前は『全部が好き』なんて言ってくれたのに、つき合い始めるとまったく言わなくなりましたね。冷めたのかなと、不安になるときがあるんです」

そう言っていた女性がいました。不安になるのが恋愛の醍醐味ですが、恋愛中の言葉って、本当に当てにならない。男性が初期に甘い言葉をささやくのは、狩猟的本能で〝獲物〟を得る目的があるから。「どれくらい好き?」と聞いても無駄。言葉はいくらでも嘘をつけるのです。時間が経つと、言葉のなかの愛より、約束を守るとか体調を気遣ってくれるなど、行動のなかに愛が見えるかもしれません。

50代の恋も、互いに臆病で〝かけ引き〟をしようとすることがあります。

相手の冗談か本気かわからない言葉を鵜呑みにしたり、つき合っている状態なのかわからなくて、気持ちを試そうと「もう会わない」なんて言ってしまったり。つまり、気

持ちと言葉は一致しないわけです。

大人の恋愛をしたいと思うなら、相手の言葉を鵜呑みにしないのも、自分を守ることになります。相手を「信じること」と、言葉を「疑うこと」、どちらも必要です。

大切なのはそのバランス。盲目的になりそうなときは、「待てよ。本当にそうか？」と、あえて冷静な目で見て、猜疑心が強くなっているときは「もう少し信じてみようか」と、あたたかい目で見ようではありませんか。

南米のアルゼンチンの大学生と話をしたとき、「『好き』と告白するのは子どもっぽい。大人はだれもそんなことは言わない」と言っていました。

相手の目や行動を見れば、どれだけ好きか、今どんな関係かはわかる。それを言葉にするのは野暮なのだとか。ただ、文化の違いか、彼らにとって「恋人なら、毎日会わずにいられない」というのも、関係性を確認するために重要なことのようです。

**人は信じたいものを信じるもの。傷ついているときは盲目になるので気をつけて**

## 47

# 「人を見る目がない」という人は、わかっていない

恋愛において「私、人を見る目がないのかも」と思うことはありませんか？

昨今は、学校や職場での恋愛よりも、マッチングアプリの出会いが多くなり、見た目や条件から入るので「思っていたのとちょっと違う」となるのかもしれません。

40代の友人はなぜか、近づいてくるのはDV男、ギャンブラー、浮気性など、見事に軽い人ばかり。当然、長く続かず、さすがに「もう恋愛はいいわ」と疲れた様子。経験を積んでも見る目が養われなかったのは、自分がどんな生き方をしたいか、なにが嫌かもわからず、流されるようにつき合っていたから。「危険かも」というセンサーは、自分をもち、相手を冷静に見ようとしなければ働かないのです。

刹那的な恋愛を楽しむなら別ですが、人生のパートナーや尊敬できる恋人を見つけたいとき、職場や友人の人間関係においても、人の本質を見ようとする目は必要です。

まず、恋愛とは関係ないところで、人間観察をしてみるといいでしょう。店へのスタッフの態度はどうか、親や友人とはどんなふうにつき合っているか、仕事は誠実にしているか、これまでなにをしてきて、これからなにをしたいのか……。

学歴や会社、地位などで「すごい！　きっと優秀な人なのだ」などと決めつけるのは浅はかなこと。見た目で軽々しく評価するのも、相手の本質に辿り着けません。

相手を理解しようとしつつも、最終的には自分自身の「穏やかな雰囲気が好き」「一緒に笑い合えるのが幸せ」といった〝感覚〟が大事。そんな「自分を幸せにしてくれるもの」がなにか、逆に「どうしても許せないもの」はなにかがわかっていたら、あとの部分でダメな面が見えても、納得してよしとできるものです。

「見た目も収入も性格も……」と自分の理想に当てはめようとするのは幼稚な恋愛。自分も相手の理想にはなれないのですから、求めることより、受け入れることを覚えたほうが賢明です。

**恋愛において自分が幸せでなければ、相手を幸せにすることは不可能です**

# 48

# 「好かれたい」を優先するのは、好きな気持ちが足りないから

現代社会では、若者も、中高年も、男も女も「傷つきたくない」と恋愛に臆病になっているようです。恋愛しない若者が増えたのも、ほかに楽しみがたくさんあることもありますが、相手がどれだけ自分に気があるかを計って、ものすごく不確定なことに悩んだり、傷ついたりするのが面倒だと思うこともあるでしょう。

中高年も恋愛のプロセスを辿るのがまどろっこしくて、「つき合えなければ意味がない」「どっちか、はっきりして」と事を急いで玉砕し、傷ついている人もいるよう。

大人の恋愛をしたいと思うなら、焦ってはいけないのです。本当の恋は「つき合えたら成功」「つき合えなければ意味がない」という単純なものでもありません。

それほど親しくなっていない関係で、「好きです」「じゃあ、つき合いましょう」となる確率は低いもの。何度も会って話したり、楽しんだりするうちに、自分の気持ち

を素直に伝えたり、なんとなくいい感じになったりする場面もあるはずです。

そもそも、恋愛というのは、「相手がどれだけ自分に気があるか」より、「自分がどれだけ相手を好きか」のほうが大事。「いいなぁ」「好きだなぁ」とときめくこと自体、幸せなことですから。

傷つきたくないと思っているときは、「相手がこれくらい好きだから、自分も好きになっていいか」と〝相手軸〟で計っていて、つねに猜疑心でいっぱい。「自分は好き。もちろん、相手にも好きになってほしいが、相手の気持ちは相手に任せるしかない」と〝自分軸〟で考えると、片想いでもいいいし、かといってひたすら待ち続けるわけでもない。傷つくことが多くても、「しょうがない」と、相手の幸せを願えるのです。

傷つきたくないから好きにならない、なんてもったいない。恋はするものではなく、落ちるもの。たくさんの人と会っているうちに、自然にときめくこともあるはずです。

## 傷ついても失うものはない。けれど、好きを封印したら、失う幸せもあります

## 49

# 恋愛を長く続けたいなら、「相性」よりも、「心の成熟」

ひと昔前は年齢や学歴、家庭環境、趣味などが近い人とつき合って結婚したほうがうまくいくという刷り込みがあったような気がします。似た人は安心感があり、コミュニケーションも楽。当時は結婚や親戚、友人とのつき合いも視野に入れて、そんな〝同質性の恋愛〟がスムーズだと考えられたのでしょう。しかし、そんなお似合いのカップルも時間が経つと、細かい違いが気になり、ぶつかることが多くなるものです。

一方で昨今は、まったく違うタイプの人との〝異質性の恋愛〟が増加。年齢差、外国人、学歴や収入格差などの属性の違いもあるし、恋愛や結婚のスタイルもＬＧＢＴＱや別居婚、週末婚など多様になり、恋愛の幅が広がったのは歓迎すべきことでしょう。

そもそも恋とは、異質なものに惹かれるもの。学生時代、真面目な女子がヤンチャな男子にきゅんとしたり、目立たない子がスポーツで目立っている子にときめいたり。

歳を重ねても違う世界の人に惹かれるし、〝ギャップ〟に興味をもちます。が、つき合うとなると、「なんでそうなの!?」と許せない部分が出てくる。うまくいっているカップルも多少ぶつかる過程を経て、人としても成長したのかもしれません。

どんな恋愛も数年も経つと、だんだん熱が冷めてくるもの。そんな成熟期には「同質性」に注目することが大事です。とくに道徳感や生きる姿勢など本質的な部分で共鳴できたら、性格、趣味、文化、お金や時間の使い方などは違ってもいい。支障があれば、話し合って折り合いをつけていけばいいことです。

年の差婚や国際結婚をしている人がよく言うのが、「相手に期待しない」「相手が嫌がることをしない」「譲り合う」ということ。どんな相手でも礼儀や思いやりは必須です。そんな意味でも実年齢よりも、精神的に自立している精神年齢のほうが重要。心の成熟があれば、自分の「好き」に忠実に生きられるのです。

**「自分と違うもの」に惹かれるのが恋。「違うもの」に合わせるのが愛です**

## 50

# 立場を利用して〝恋愛ごっこ〟にもちこむのは、幼稚

日本や海外の芸能界で、映画監督や大御所タレント、事務所社長などが、弱い立場のタレントに性的なことを強要する出来事はあとを絶ちません。夢を叶えたい若者たちは、断ったら仕事がなくなると恐れて、それに応じてしまうわけです。

立場が上の人が、支配的に恋愛にもちこもうとするケースは身近でも度々見かけます。ある職場では女性の上司が、男性の新入社員に一緒に遅くまで残業をさせたり、飲みにつき合わせたりして、しつこく言い寄り、社内で問題化したこともありました。

勉強や仕事で努力をしてきたはずの人たちが、どうして権力をもつと、人の気持ちがわからなくなり、幼稚なことをして、つまずいてしまうのでしょう。

ある研究では、権力の座についた人はそうでない人と比べて、傲慢で失礼な態度をとったり、不正行為に走ったりする確率が3倍も高くなるといいます。

それには脳の神経システムが関係しているとか。人間の行動は「行動制御システム（危険を避ける）」「行動接近システム（報酬を得る）」で制御されています。

通常、2つの神経システムは均衡しているのですが、権力をもつと、報酬を得ようと「行動接近システム」が優位になって暴走してしまうのです。とくに性的な欲求は本能に基づいているため、さらに制御が効かなくなってしまうのかもしれません。

権力をもったり、先生と呼ばれる立場についたりすると、精神性が育ちにくくなる危険性があります。ただ、権力者のなかでも3割弱は、謙虚であろう、まわりに感謝しようと、危険を避ける行動が優位になるといいます。部下や後輩は抵抗しにくいことをわかって配慮するので、セクハラ、パワハラも起きにくいのです。

権力や立場は関係なく、対等な立場で恋愛をしようとするのが大人の流儀。立場の強い人も弱い人も「権力は暴走する」と心得て、身を守りたいものです。

## 権力は双刃の剣。みんなのためでなく、自己利益のために使うとケガをします

# 51 大人の恋愛には自分と相手を守る責任があります

程度の差はあれ、だれもが恋にのめり込んでしまう可能性はあるのです。相手のことが片ときも頭から離れなかったり、不安になって悶え苦しんだりする感覚は、子供でも大人でも体験するはず。純粋であるほど、全身全霊で恋に没頭するのです。

ただ、大人は守るべきものが多くなり、理性が働きます。大事な仕事があれば、徹夜をしてまで恋愛に没頭するわけにはいかない。パートナーがいる人は、ほかの人に惹かれても、行動にはストップをかけるでしょう。

「失うものがない人は怖い」などといいますが、若者はときに捨て身の恋をすることがあります。いえ、いい年の大人でも盲目的な恋愛をする例は山ほどあるのです。片想いの相手を追いかけて、家庭を捨てたり、ストーカーになったり、フラれて逆上したりするケースもあります。

バカなこともやってしまうのが恋愛のすばらしさ。ですが、そこまでいくと〝恋愛依存〟に陥っているかもしれません。恋愛依存とは日常に支障をきたすほど相手を最優先して、相手が離れようとすると激しく抵抗し、見返りを求めることもあります。

本来、恋愛とは脳内から快感ホルモン〝ドーパミン〟があふれ出すギャンブルなどと似て、中毒的なものなのです。真面目で実直な人が、一歩踏み外すと暴走したり、心が弱っているときに、普段ではありえない恋をしてこじらせるのはよくあること。

恋をするのは自由。ただ、大人は、自分の幸せと相手の幸せを第一に考えます。「これ以上は危険」という線をわかっています。

それが破滅的な恋をする人と、建設的な恋をする人の違いです。

互いに支え合って幸福感を味わっているときはドーパミンではなく、幸せホルモン〝オキシトシン〟が分泌されるといいます。大人は距離感をはかれるから、自分と相手の幸せに責任をもてる範囲で、どんな人と、どんな恋をしてもいいのです。

### 身を滅ぼす恋か、元気になれる恋か、自分の胸に聞いてみましょう

## 52

# 大事な相手ほどきつい口調になるのは、甘えが強いから

「好きな人には怒ったり泣いたり、なぜか感情的な物言いになってしまう」「イラッとして大声で暴言を吐いて自己嫌悪」などという人がいます。家族もそうですが、大切な人を激しい言葉で傷つけてしまうのは、近いからこその甘えや期待があるから。

相手に好かれたいと自制心が働いているうちはよくても、一度外れた〝感情の蓋〟はパカパカと外れやすくなって、つまらない意地とプライドの戦いは繰り返される。「なんでわからないの?」「なんで〜してくれないの?」と自分の正義を押しつけても、相手の態度は自分の鏡ですから、互いにますますヒートアップしていくわけです。

ヨーロッパで会った若者がこう言っていたことがありました。

「幼いころから、女性はけっして傷つけず、プリンセスのように大切に扱いなさいと母親に言われ続けた。そうすれば、あなたは王様のように扱ってもらえるからってね」

いちばん近くの人を大切にするべきなのに、親しくもない人にいい顔をして、身近な人には嫌な顔を見せる人がどれだけ多いことでしょう。

大人であれば、「自分からやさしくなる」と決めようではありませんか。「自分から」と決めておけば、自分の口からは相手を傷つける言葉を吐かないようにしたり、相手の機嫌が直るのを見守ったり、対立したときは自分から謝ったりできるのです。

そして、いい関係を続けたいなら、男性も女性も「自分がされたら嫌なこと」「してくれたら嬉しいこと」を伝えておきましょう。勇気がいりますが、相手がどう対応するかで、真剣度もわかるはず。不満があるときの伝え方は「あなたはやさしくない」など相手の人格否定はＮＧ。「私はこの状態はしんどい。だから話を聞いてほしい」など「自分の気持ち＋具体的なお願い」をしましょう。

自分の気持ちを感情的にならず、穏やかに伝えるのは、日々の練習が必要。「今日はよくできた。やさしくなれた」という成功体験を重ねて、人は成長するのです。

**「自分からやさしくなる」と決めると、人間関係のトラブルはほぼ消滅します**

## 53 被害者意識をもった人の失恋は、狂気を帯びています

「好きだけど、別れる」という状況は、本当に辛いもの。「結婚観や価値観が違い過ぎる」「浮気をされた」「ケンカが絶えない」「不倫だった」など、この先一緒にいても幸せになれないというとき、どちらかが別れを切り出すことになります。

そんなとき、気持ちが弱いと「やっぱ、別れられない」とずるずると繰り返してしまう。好きだからというより、一人になるのは、大きな喪失感に苛《さいな》まれるからです。

別れるべきかどうか悩んだら、「相手と一緒にいるときの自分を好きになれるか」で判断するといいでしょう。どれだけ相手を好きでも、自分が幸せになれない恋はうまくいかない。思わせぶりな態度を見せず、意志が固いことを伝えるのが賢明です。

また、別れを切り出されると、泣いてすがる人、暴言を吐く人、「今までの時間を返して」なんて子供っぽいことを言う人、稀に脅そうとする人もいます。被害者意識で

いっぱいの人は、狂気に取り憑かれるのです。

一方、辛くても「わかった。これまでありがとう」と、涙を飲んで大人の対応をする人もいます。ある男性は、遠距離の恋人から「好きな人ができた」と告げられて、「よかった。自分もそうなんだ」と明るく答えて円満にお別れしたとか。じつは恋人が罪悪感で苦しまないための嘘で、しばらく傷心の日々を過ごしたといいます。最後まで格好をつけたかったのかもしれません。別れにはその人の美学が出るものです。

失恋をした女性のお手本として、私が尊敬しているのが作家、宇野千代さん。一人で一晩中、派手にわぁわぁと泣きわめき、床を転げ回って大騒ぎをしたら、赤ん坊が泣いたあとのようにケロッとなる。そこでお化粧をして、いちばん好きな着物を着て街に出る。すると、不思議と新しい恋人に出会う……。気持ちが前を向けば、いいことも起こる。辛い別れも「あれはあれでよかった」と思える日はきっとくるのです。

## 「きれいに別れる」とは、心の後始末を自分で引き受けることです

# 第五章

# 大人は自分とうまくつき合える

# 54

# 自分と向き合う習慣をもつ

「人のことはわかるのに、自分のことがよくわからない」ということはありませんか。

私もそうです。他人のことは客観性をもって、あれこれ分析ができる。けれど、自分のことは「私、こんな人だったっけ?」「なにがしたいの?」「なにが合うの?」とわからなくなることがあります。でも、それこそが自分に向き合うきっかけ。何歳になっても、知らない自分が顔を出して、もっと知ろう、もっとよりよい自分になろうとすることが、大人として成熟するということだと思うのです。

とくに、自分のなかの「これはマズい」という未熟な部分に向き合って、修正していくことは、大人の部分を育ててくれます。何歳になっても幼稚な人は、まわりに反応することに忙しくて、自分を見つめる時間をもってこなかったのかもしれません。

1日10分でも自分と語り合う習慣をもちませんか? 出勤前のコーヒータイムでも

いいし、夜のお風呂のなか、寝る前のゆったりした時間でもいい。スマホから離れて一人の静かな時間と空間をもつことで、心の声に耳を澄ますことができます。

心の外側に賢くてやさしい〝親友〟がいると考えるといいでしょう。自分の親友になったように、自分がなにを感じ、なにを考えているのか意識を向けると、「うまくいかないなぁ」「なんか疲れた」「旅をしたいな」などと勝手におしゃべりを始めるはずです。

そこで鬼教官のように「もっとがんばらなきゃダメ！」などと叱ってはいけません。どんな本音が飛び出しても否定も肯定もせず、「なるほどね」とただ傾聴するのです。

これは〝マインドフルネス瞑想〟と同じ仕組み。自分の今の状態や気持ちを客観的に点検すれば、自然に調整しようとあれこれ考えて、つぎの行動が導かれていきます。私たちの無意識は、いつも自分を幸せにするために全身全霊で働いているのですから。

心の成熟とは、自分を知ろうとすることから始まるのです。

**自分がなにを感じているかがわかれば、自然に修正することもわかります**

## 55

# 本当の自信をもつ人は、人と自分を比べません

「自信をもちたい」とは、さまざまな場面で感じること。とくに、自分よりも仕事ができて評価されている人、見た目がよくて人気のある人などを見ると、「それに比べると私は……」と自信をなくしてしまうかもしれません。

そこで、仕事をがんばり、見た目を磨いて一時的に満足感、優越感をもっても、上には上がいるもの。逆に「自分はこの程度か」と失望することもあります。

人と比べている以上、どこまでも劣等感、敗北感はついてまわるのです。人のもっているものと、自分に足りないものを比べても無意味だというのに。

本当の自信も、心の成熟と同じで、自分に向き合うことから生まれてきます。自分の好きなところ、嫌なところ。得意なもの、苦手なもの。やりたいこと、やりたくないこと……。そんな自分をまるごと認めるのです。

そして、好きなことに、とことん夢中になり、得意なことをどんどん伸ばしていくと、自分の嫌いなところはそれほど気にならなくなります。「ここは直したい」「こんな振る舞いはしたくない」と思う部分も、冷静に向き合って修正していけるのです。

「こんな自分でありたい」という自分の期待に応えていくと、不思議と他人のことも気にならなくなり、「人は人、自分は自分」という気持ちになってくるものです。

私も30代前半までは劣等感のかたまりでした。認められない自分があまりにも不甲斐なくて、「認めてもらえるかは他人が決めること」と開き直り、生きたいように生きることで、少しずつ自信もついてきました。

心が未熟な人ほど、他人の承認を求めるものです。しかし、大人になって自分を無条件に認めてくれる存在は、自分しかいません。自分と向き合い、いいところもそうでないところもまるごと受け入れるところから、自分の生きる道も見えてくるのです。

## 自分のもっているものにフォーカスするだけで、人生の可能性が広がります

56

# 自分で責任をもってちゃんと選ぶことは、格好いい大人の条件

私たちの毎日は、朝から晩まで選択の連続。なにをどう選択するかで、人生はできています。男性の友人がこんなことを言っていました。

「男って若いころは、みんなが欲しがるものが欲しい。みんなが羨ましがるような彼女とか、車とか、仕事とか。でも、ずっと見栄を張って選んできた人って、50代になってもセンスがないんだよね。服や持ち物もハイブランドというだけで趣味が悪い」

なるほど、男性も女性も「本当に自分が欲しいもの」ではなく、「みんなが欲しがるもの」を選んできた人は、どこかチグハグ。最初はいいものを選んだと安心しても、だんだん合わなくなってきたり、飽きたりすることも多いのです。

現代は多様性が進み、選択肢が多いからこそ、選びにくく、「みんなが求めるもの」を安易に選ぼうとする傾向があるように見えます。ファストファッションや、激安イ

ンテリアで満足するのも、心から欲しいものを選んでいるわけではなく、「みんな買うでしょ」「安い割にはいいでしょ」ということだと思うのです。

素敵だなと感じる大人たちは、大抵、個性的でセンスがいいものです。バーゲン品が箪笥の肥やしになっていたり、モノがあふれていたりすることはありません。

服一着からお茶碗、壁に飾る絵まで、あれこれ迷いながらも身の丈に合った範囲で、自分を幸せにしてくれる大好きなもの、上質なもの、長くつき合えるものを選ぼうとします。そうして、センスや審美眼が磨かれて、自分の世界観ができていくのです。

仕事、パートナー、住む場所など大きな選択も、人の勧めや損得ではなく、「自分が好きで選んだから」と思えば、少々問題があってもよしとします。

選択を人任せにせず、責任をもって選ぶ人は、最初は選択ミスをすることがありますが、最終的には審美眼がついて、自信をもてるようになるのです。

## 重要な選択ほど、最後は直感のほうが頼りになります

## 57

# 大人としての〝お手本〟をもつ

人間は、優れた〝お手本〟を見ようとしない限り、自分からなかなか変わることができない生き物です。人が成熟していくために必要なのは、人と環境。日ごろ、なにを見て、なにに触れているかが、よくも悪くも自分になっていくのです。

もっともいい例は、戦後に新人漫画家たちが暮らしていた「トキワ荘」。手塚治虫、藤子不二雄、石ノ森章太郎、赤塚不二夫など地方から出てきた若者たちが、そこで切磋琢磨することで、それぞれの個性が磨かれ、世界的な漫画家になっていったのです。

きっと漫画のスキル面だけでなく、情熱や想像力、行動力、人間的な魅力なども「アイツ、すごいな」「よくやっているよな」と思うたびに、〝お手本〟の1ページにして、成長していったのでしょう。

「ああでありたい」というお手本をもつと、折に触れて「あの人ならどうするか？」「どうすればああなれるのか？」と自然に考えます。「きっと自分にもできるはず」と希望を与えてもらうこともあります。頭のなかに新しいソフトを入れて更新するように、お手本の尺度が、自分の〝ものさし〟になってくるのです。いつまでも幼いままの人は、お手本がないか、幼い人をお手本にしているのかもしれません。

私は、両親や友人、数回会っただけの尊敬する人、会ったこともない亡き作家などの、さまざまな〝部分〟がお手本になっています。とくに、「大人だなぁ」「格好いいなぁ」と思う部分は積極的に取り入れたい。たとえば嫌味にユーモアでさらりと返したり、少々のことは笑って済ませたり、隠れていいことをやっていたり、秘密の話をけっして口にしなかったり。スケール感の大きさや、深い愛情も見習いたい。

結局のところ、日ごろ考えていることが、現実になっていくもの。少々ハードルの高いお手本をもち、繰り返し触れることで、そのレベルになる日がくると思うのです。

## お手本になる人がいなくても、お手本になる部分は見つかるはずです

58

# 本を読んで旅に出る

成熟する大人になるために効果的な方法は「本」と「旅」。どちらも新しい世界に触れることで、自分と向き合う機会を与えてくれるものです。

価値あるものを手に入れようとすると、なんにしてもそれなりの値段がするけれど、本だけは例外。千円二千円で優れた名作を読めて、古今東西の成熟した考え方、感じ方に触れることができます。書店に行って「こんなテーマで語り合いたいんだけど、だれかつき合ってくれる?」と探してみると、それに相応しい相手が見つかります。

本というのは、一方的に教えてくれるのではなく、著者とも自分自身とも、対話する機会なのです。「そうそう、そんな言葉が欲しかった」「そんな生き様を見たかった」と寄り添ってくれるので、同じ本でも、読むたびに刺さる部分や、感じ方は違います。

本から知識を得るだけでなく、新しい自分を発見するのです。

私は昔から自由に生きる女性の物語が好きでした。1300年前の『万葉集』のなかに、たくましい女性の生き様を見つけて、共感したり、励まされたりすることも。ネットのSNSや動画も、検索するといくらでも情報が出てきますが、SNSはチャット感覚、動画は受け身の体勢で、本のように頭を働かして、深く語り合えないのです。

また、一人旅も外の世界に飛び出すことで、「無知の知」を知り、これまでの価値観を壊し、今いる場所や自分を客観的に振り返らせてくれます。想定外のことが度々起こって、それを一つひとつ乗り越える経験を通して、生きる知恵が養われます。

どれだけ情報を頭にインプットしても、実体験しないとわからないことばかり。見たことのないものを見る、聞く、食べる、触れる、問題を解決するなど、体で覚えたことは、その一つひとつは忘れても、積み重なると、深い知恵になっていくのです。

本で深い知識を得て、旅で深い知恵を得る。何歳になっても続けたい習慣です。

**人は考える機会、動く機会をもつことで、賢く、たくましい大人になるのです**

# 59 「やらないこと」を決める

保育園や小学校を運営している女性がこう言っていたことがありました。

「戦中戦後の子供たちの手紙や作文を読むと、美しい文字や文章、精神性の高い内容にびっくりすることがある。今の子たちは塾や習い事に忙しくて、友だちと遊んだり、親以外の人と話したり、一つのことを深めていったりする時間がないのよね」

忙しいのは、大人も同じ。仕事に追われるだけでなく、人づき合い、資格の取得、家事、育児、おしゃれ、ジム、みんなが観に行く映画。そして、なにより時間をとられるのが、スマホのSNSやゲームにアクセスすること。これらの多くは、「やらなければ」と思い込んでいたり、なんとなく流されていたりすることです。

つまり、忙し過ぎる状態が、なにかを達成することや、一人で考えたり行動したりして、大人になることを阻んでいるのではないかと思うのです。

仕事や遊び、家族の時間など主体的に「やりたい」と思うことは、子供の遊びと同じで、いくらでもエネルギーがわいてくるし、知識も知恵もついてくるもの。自分の心に「本当のところ、どうしたいの？」と問いかけていると、「やりたいこと」と「やらなくてもいいこと」が仕分けできるようになってきます。

「やらなくてもいいこと」は行きたくない飲み会、休日の仕事、疲れた日の家事、だらだらスマホ、ぶらぶらショッピングなどいろいろ。とくに〝時間泥棒〟に搾取されそうなことは「やらない」を決めて、その余白に「やりたいこと」を埋めていくのです。

私は時間のすべてを「やりたいこと」で埋めると決めています。なかには「苦手だけど、やらねば」と思うこともありますが、それらは、やりたいことをやるための一環なので、楽しめる工夫をして。減らした時間が心の余裕につながり、自分のための時間だけでなく、人を思いやり、力になろうとする時間と心の余裕が生まれるはずです。

## まわりの空気になんとなく流されていると、時間もお金も搾取されてしまいます

## 60 自分をどんな人として扱ったかで、他人にどう扱われるかが決まります

アルゼンチンに滞在していたとき、大学院の哲学科で学ぶ23歳の青年が、こんなことを言っていたのが印象的でした。

「子供のころは、大人たちが『あなたは可愛い女の子』と言ってピンクの服を着せたり、『サッカー選手になれる子』とチームに入れたり。大人が子供をどう扱うかで、子供は自分をそんな人間だと思い込むようになる。でも、大人は逆。自分をどんな人間として扱っているかで、他人からどう扱われるかが決まるんだ」

どこかの哲学者の理論らしいのですが、自分がどう成長していけるのか真剣に考えて話してくれた言葉でした。「あなたは自分をどんな人として扱うの？」と聞くと、「物事を深く考える大人でありたい。だから、10歳年上の仕事も精神的にも自立している彼女を見つけたんだ。大人としての恋愛や、深い会話がしたいからね」

自分が未熟であることを認めて、主体的に成熟した大人になろうとしている姿は、すでに「思慮深く、自分の人生を生きる大人」だと感じたのです。

よくも悪くも自分が自分をどう扱っているかが、他人からの扱われ方になるのです。

自分を大切にできない人は、他人からも大切にされないでしょう。「あなたがよければ、私はいいの」「どうせ自分はおしゃれしても無駄」なんて卑屈になっていると、心が荒んで、顔の表情や姿勢、振る舞いに出るもの。そんな心持ちはまわりに伝わって雑に扱われてしまう。そして、ますます卑屈になる……という悪循環を辿ります。

自分には価値がある。人と公平につき合える。おしゃれしたら素敵になる、学ぶことで知性をもてると可能性を信じ、自分を尊重して扱えば、まわりからも尊重される。そして自信ができて、ますます自分を大切にする……という好循環。「だれも評価してくれない」なんて嘆くのは、幼稚さの表れ。大人は他人がどう思おうと、まず自分が自分の人生に期待するのです。

## 自分自身に対しても「ほめ」や「感謝」など、肯定的な言葉を使いましょう

## 61

# 大人は「なにか違う」という違和感を見逃しません

ある小さな会社で働いていたときのこと、爽やかな好青年が訪ねてきて「社会貢献事業に投資してほしい」と、みんなにプレゼンテーションをしたことがありました。事業の目的も計画もすばらしく、みな「あんなに情熱をもった青年は見たことがない。なにか協力したい」と盛り上がるなか、社長だけが「爽やか過ぎるだろ。やめておこう」と冷たい反応。そして半年後、かの好青年は投資詐欺で逮捕されたのです。

「どうして危険人物だとわかったんですか?」と社長に聞くと、「勘! 理屈じゃない。感覚だよ」との答え。叩き上げの苦労人で、世の中の闇も見てきた社長だけに、危険を察知するアンテナが働いたのでしょう。普段は親父ギャグを言ってばかりいる社長でしたが、このときばかりは、頼もしく感じられたのです。

生活のなかにつねに危険が潜んでいた時代は、人間も動物的な勘が備わっていたのでしょうが、現代人は感覚よりも、情報や知識のほうを頼りにしてしまいます。特殊詐欺や悪質商法の被害は絶えず、ブラック企業の〝やりがい搾取〟でうつになったり、話題の健康法やサプリで体調を崩したり。「有名人が言っていたから」「新聞に書いてあったから」「国がすることだから」と安易に信じて、損害を被ることも少なくありません。

大人として、危険から身を守ろうとするなら、「なんか違和感がある」という感覚を見逃してはいけないのです。ネットでプライベートな情報を晒したり、失言をして炎上したりするのも危機感の欠如。「これ以上はマズい」という感覚をわかっていないと痛い目に遭います。一方で、リスクがあることを承知で大事なことは発言したり、人を守る行動をとったり、挑戦したりするのもまた大人といえますが。

危険の察知は、知識も大事だけれど、最後は心と体の感覚が頼り。甘くみず、恐れ過ぎずに対処していく。危険が迫っているときは、逃げることも必要な手段です。

**「どう感じるか」、さまざまな感覚を磨いている人は、トラブルが少なくなります**

# 62 「成功する人」と、「搾取される人」の違いとは……

「人に与えた分だけ、返ってくるとか、『ギブ&ギブ』が成功の秘訣なんていうけど、あんなのウソ。私はいつも与えてばかりで損な役回りだ」という50代の声を聞きました。会社のため、家族のため、友人のためと働いても、出世するわけではなく、家族や友人から大事にされていないというのです。

もしかしたら、多くの中高年も、「与えてばかりで見返りがない」「搾取されている気分」という虚しさを抱えているのかもしれません。

私は30歳前後で、消耗する働き方をして燃え尽き、いっそ「人のため」はなくして、「自分だけのため」に生きた方がいいのではと思うこともありました。

「正直者はバカを見る」というように、頼まれた仕事を真面目にやるお人好しよりも、仕事を押しつけて、ズルく立ち回る人のほうが、得だと感じたこともあります。

でも、今なら、正直者がバカを見るのではなく、〝正直なバカ〟だったから損をしていたのだ、とハッキリわかるのです。幼い精神のまま、嫌われたくなくて〝いい子〟を演じていると、まわりは「なんでもしてくれる人」と認識して、感謝するどころか、便利な人として扱うようになるわけです。

賢い正直者は、無理なことを押しつけられたとき、自分の不利益になること、心の平穏が守られないことはしません。だからといって、すべてを拒絶することもしない。また、「1時間なら手伝えるよ」など不利益のない範囲で、相手に与えようとします。

「少々無理しても」と、自分の喜びとして納得していることなら、喜んで与えます。

自分の心に問いかけて、自分の利益や幸せを見失わないこと、だれにどう与えるかを考えて行動すれば、まわりから信頼されて、仕事も人間関係もうまくいくはず。

自分が不幸な状態のままでは、相手を幸せにすることはできないのです。

## 「安心される人」よりも「信頼される人」を目指すと、与え方も変わってきます

63

# 結局、心が安定している人が最強

30代のシングルマザーで、病気の子供を抱えながらも、いつも明るく振る舞っている後輩がいました。それがとても大人っぽく見えて「強いよね」と言ったところ、「強くないですよ。私だって泣くこともあるんですから」との答え。

「でも、できるだけ笑うようにしているかな。あと、落ち込んだらたくさん寝て忘れる。自分の体調が悪いときは、最低限のことだけすればいいと、甘やかしています」

なるほど、彼女はなにがあっても動じない強靭な心をもっているわけではなく、人間は弱いものという前提で、できるだけ早く立て直す術をもっているのです。

人それぞれ、気分転換の方法をもっているもの。散歩、料理、おしゃべり、カラオケ、ドライブなどじっとしているより、口や手や体を動かすのが効果的です。

反対に、なにかあるとクヨクヨといじけて仕事がストップしたり、まわりにイライラを振り撒いてトラブったりする人は、子供っぽく感じられます。不機嫌な中高年、キレやすい高齢者は残念ながら、自分を客観的に省みる習慣がないのかもしれません。「いろいろあっても、自分のことは自分でちゃんと整える」という気構えと習慣がある人はいつも穏やかで、信頼されます。若者でも言いたいことを言ったり、何歳でも新しいことに挑戦したりします。

スポーツ選手、作家、料理人、会社員……どんな職種でも最後に活躍するのは、才能よりも心の安定感があり、〝自爆〟せずにやり続けた人ではないでしょうか。

アランの『幸福論』には「悲観主義は気分によるもの、楽観主義は意志によるものである」とあります。人間は悲しみや怒りにとらわれ悲観的になりやすい。意識して楽観的に過ごそうとすることが大事。「楽しいから笑うのではなく、笑うから楽しくなる」を実践している人は年齢に関係なく、立派な大人だと思います。

## いつも上機嫌な人は、喜びと楽しさを見つけようとする習慣のある人です

## 64

# 日々を楽しもう、成長しようとする心が若さを保つ秘訣

新聞紙面の「お悩み相談コーナー」でこんな悩みに答えたことがありました。

「歳を重ねたからこその美しさとか、歳を重ねて人間的に円熟味を増すなどの表現がありますが、本当にそんなことがあるのでしょうか。外見も若いころとは比べものにならないほど衰えて、性格も意地悪で頑固になる残念な人が多いです」

私の答えは「若いときと比べても無意味。年齢ではなく、人それぞれの美しさがあるのでは？」といったものだったように思います。この相談はＷＥＢサイトでも大きな反響があったので、見た目も内面も若いほうがいいと感じる人は多いのでしょう。

たしかに動物でも植物でも、生物学的に若いほうが生き生きとした美しさはあります。人間の若い女性は、お化粧をしなくても、なにを着ても格好がつきます。

しかし、あたりまえのことですが、どんな人も動物も植物も老いるのです。

そのときに、どれだけ生き生きとした〝心〟を保っているか、清潔感があって、品がよくて、魅力的な人であるかは、知性の領域です。

「魅力的な唇であるためには、美しい言葉を使いなさい。愛らしい瞳であるためには、他人の美点を探しなさい」とは、オードリー・ヘップバーンの言葉。何歳であっても汚い言葉で、不平不満や悪口を言っていたら、顔も歪んで、美しく見えないでしょう。

20代のアルゼンチン女性が「日本のタレントが幼いファッションで、甲高い声で子供っぽいしゃべり方をしているのに驚いた」と言ったことがありました。アルゼンチンでは20代でも大人として見られたいから、低音の落ち着いた話し方をするし、エレガントな服を着る。どうしてそんなに若く見られたいのかわからないと。

50代でも80代でも若さを感じるのは、若づくりをする人より、年齢など気にしないで好きな服を着て、好きなことを楽しんでいる人たち。人への思いやりと夢中になるものをもち、まっすぐ前を向いている人は、どんな年齢でも美しいと思うのです。

## 20歳でも心のハリをなくした老人はいるし、90歳でも青春そのものの人もいます

## 65

# お手本になる人がいなかったら、自分がまわりのお手本になりませんか？

30代の僧侶であり、メークアップアーティスト、ＬＧＢＴＱの個性もある方と、雑誌で対談する機会がありました。そのとき「お手本でありたい」と言っていたのが、印象的でした。「素敵だと思うのは、みんなのお手本になっている人。こういうときは、こうしたらいいよって、体験した学びを行動で見せてくれる人。年齢が上がってくると、お手本でありたいという思いが出てきますね」と。

幼いころから人と違うことへの葛藤があったようですが、取り繕っても、だれもその人から学びたいとは思わない。自分に正直に生きて、自分にしかなれない自分になることで、お手本になれるのではと真摯に話してくれたのでした。30代でこの域に達していることに、頭が下がる思い。たしかにだれかを「お手本にしたい」ではなく「お手本になりたい」と意識すると、さまざまな場面で振る舞い方が変わってくるのです。

また、現代の小学生の尊敬する人1位は、メジャーリーグのあのスター選手だといいます。想像を超えるプレイもすばらしいけれど、完成された人間性にも惹かれるのではないでしょうか。彼はインタビューでこんなことを言っていました。

「当然、野球をもっとうまくなりたいというのはありますが、その前に一人の人間として、社会に対して信頼に足る人間でありたい。野球を通じて、そこを高めていくことがいちばんだなと考えています」

「信頼に足る人間でありたい」とは言葉にすれば簡単でも、簡単に辿り着ける領域ではありません。ただのいい人だけでも、頭がいいだけでもなれない。言っていること、やっていることが信頼に足るものになるためには、自分とちゃんと向き合って考え抜く必要があるのです。「お手本になれる人」「信頼に足る人」というのは、とても高い次元の挑戦ですが、それによって大きく成長できるのは確か。「お手本になる人がいない」と嘆いているなら、自分自身がお手本になろうではありませんか。

## 生きてきた年齢で人格が作られるのではなく、生き方で人格ができるのです

## 66

# 大人は怒りや悲しみなどネガティブな感情も、味方にして生きていきます

大人であれば、小さなことにイライラ、クヨクヨせずに過ごしたいとは思いますが、ふとした拍子に悲しみや怒り、不安などネガティブな感情がわいてきます。

そんな感情に「悲しんではいけない」「怒っちゃダメ」と蓋をしていると、少しずつ心を蝕んだり、定額貯金のようにいっぱいになって一気にあふれたりします。

感情の整理がうまい大人は、自分の感情に対して正直。「そりゃあ、悲しいよ」「怒りがわいてくるでしょ」と、いったん受け止めた上で、自分に向き合い、自分で整理していくのです。悲しみ抜いて心を癒したり、「怒ってもしょうがないか」と受け止め方を変えたり、不安や焦りが小さくなる対策を立てたりします。

私たちはポジティブな感情は「いい感情」、ネガティブな感情は不快で「悪い感情」と思いがちですが、ネガティブな感情こそ、人生を好転させるサインなのです。

悲しみは大切なものを教えてくれ、怒りは現状を変える原動力になり、不安は「動け」というサイン。ネガティブな感情を生きる糧にすることで、心は成熟していきます。

尊敬している友人は30歳過ぎで交通事故に遭い、全盲になりました。想像できないほどの悲しみや不安があったでしょうが、彼には微塵もそんなオーラはありません。「新しい人生が始まった」と飄々として数ヶ月後にはサーフィンを楽しみ、鍼灸師の学校に通い、盲導犬と暮らし、料理やスポーツなどさまざまなことに挑戦しています。現実を受け入れて、積極的に生きることもまた感情の整理なのでしょう。

見渡してみると、50代60代でも怒りや恨み、不満の感情が消化されずに、亡霊のように張りついている人もいるようです。ネガティブな感情を味方にすることができたら、自分も解放されて、今このときを心から笑って過ごせるのです。

映画もスポーツも、ゾクゾクしたり、腹が立ったり、一喜一憂するからこそ面白い。大人は希望を見つけることで、ネガティブな感情も楽しめる生き物なのです。

**ネガティブな感情は、自分をよく知るための〝情報〟です**

# 67

# 「バイアス（思い込み、先入観）」が多い人は、子供

海外在住の友人が、日本を代表するメーカーのアドバイザーに就任。まず、工場や会議を見学して、その感想を求められたときに、彼女はこう言い放ったといいます。

「ここは幼稚園ですか？」

会社のあちこちに「走らない」「静かに」「手をきれいに」など大量の張り紙があり、会議では「発言をする」「眠らない」「メモをとる」など注意する。わかりきった内容を延々と説明する人たちに「社員を子供扱いし過ぎ」と心底びっくりしたといいます。

友人は「企業に批判を受け入れる度量がなければ、辞職してもいい」と思っていたところ、逆に「ごもっともです。もっと指摘してください」と懇願されたとか。

現状を変えるのは「よそ者、馬鹿者、若者」といいますが、反対に内側にいる中高年ほど、おかしな現状に気づかない「正常バイアス」にかかるもの。大多数、大衆、

大きな組織ほど危機感はなくなり、思考停止になりやすい。「おかしいよね」と言える勇気ある大人も少ないでしょう。

私たちの考えていることの多くは、〝思い込み〟といえます。大多数の話や好きな人の話はすべて正しいように感じて、少数の話、嫌な人の話は間違っている気がするのは、「確信バイアス」がかかってしまうから。

また「自己奉仕バイアス」は、うまくいったときには自分の能力のおかげだと思い、うまくいかないときには人のせい、環境のせいだと思ってしまう心理現象です。

「本当にそうか？」と自分の思い込みを疑い、「いや、〜のこともある。なぜなら……」と反対側からの情報を集めること、第三者に意見をもらうこと、統計やデータを参考にすることなどバイアスを外して、多角的に見ようとするのが大人というもの。それが自分やまわりを危機から守ることにつながっていくのです。

**思い込みがあると、人は非合理的な判断を下してしまいます**

第六章

# 子供っぽい人の言葉、大人な人の言葉

# 68

# 嫌な感情を顔に出すのは、子供

**「残業、疲れたー。まだ帰れないなんて最悪」**

**↓**

**「疲れたけど、あと少しで終わる！　がんばろう」**

「子供っぽい」と感じる人のわかりやすい特徴は、発言や口ぐせ。たとえばネガティブな感情をそのまま言葉に吐き出してしまう人。「疲れた」「つまらない」「嫌い」「最低」「イライラする」「がっかり」など、まわりを不快にさせるだけでなく、〝言霊〟となって自分を洗脳します。大人は、気持ちが言葉を作るのではなく、言葉が気持ちを作ると知っているので、ポジティブな方向から見た言い方をするし、「面白い」「好き」「最高」「楽しい」「嬉しい」などポジティブな感情を積極的に口にするのです。

# 69

# 「どうせ」が口ぐせの人は「どうせ」にふさわしい自分になってしまいます

**「どうせ歳だから」「どうせ自分なんか」「どうせダメだし」**

**↓**

**「私にもできるかも」**

「どうせ私は派遣社員だから」など「どうせ」から始まる言葉は、いじけて拗ねているように感じられます。誇りをもち、少しでも成長しようとする気持ちが見えません。

大人は、他人に認められることより、まず、自分で自分のことを認めて信じることが先決だとわかっているので、「派遣社員でもキャリアは積める」「この年齢でもできることはある」「ミスが多いけど、慣れれば大丈夫」など前向きな言葉を使います。自分が自分を信じなくて、だれが信じてくれるというのでしょう。

## 70 いつでも若者言葉を使っていると、若いのではなく、幼く見えます

**「ウケる」「マジ?」「超ヤバい」「めちゃ」「~しか勝たん」「それな」**

**↓**

**「面白いね」「本当?」「感動する」「たいへん」「最高」「私も同感」**

どんなに素敵なスーツやドレスを着ている大人でも、「まじ、うざ」「知らんけど」などといった若者や流行の言葉を使っていると、途端に幼稚に見えます。「若く見られたい」「若い感性でいたい」といった心理があるようですが、若いを通り越して、幼く薄っぺらに見えてしまうのです。他人の手垢のついた言葉を借りてばかりいると、語彙力が低くなります。簡単な言葉でも、それを組み合わせることで自分の表現になります。自分の言葉が、自分で考える思考を作っていくのです。

# 71 相手を責める言葉は、依存体質の表れ

**（相手へ）「どうしてやってくれないの？」「なんでわかってくれないの？」**
**↓**
**（心のなかで）「どうしたらやってもらえる？」「どうしたらわかってもらえる？」**

心が未熟な人の口ぐせの一つが、「どうしてやってくれないの？」「なんでわかってくれないの？」と相手を責める言葉。うまくいかないことを他人のせいにしても、問題は拗れるだけ。壁に突きあたるたびに自分と向き合い、解決を探ろうとすることで、人は大人になります。「どうして？」ではなく、「どうしたら？」を口ぐせにすると、現実を受け止めて進む習慣が生まれます。1日数万回繰り返している自問自答を建設的なものにするだけで、物事は解決し、ストレスも軽減されるのです。

# 72 「なんでもいい」と言っていると、人任せの上に、文句を言う人になります

**「なんでもいい」「どっちでもいい」**
**↓**
**「これがいい」**

「なに食べたい？」「映画はどっちがいい？」などと聞かれて、「なんでもいい」「どっちでもいい」と答えるのは、一見、相手に合わせているようですが、人任せでもっとも困る返事。自分のない人、頼りない人と思われて当然。文句を言いたくなるものも自分で決めていないから。「私はこれがいい」と自分の気持ちを伝えて、まわりと意見をすり合わせることで、人間関係のなかで、自分らしく生きることを学びます。自分で決める自覚をもてば、どんな結果も受け止められるのです。

# 73 「でも」「だって」は子供の言葉。「それでも」「だからこそ」は大人の言葉

**「でも」「だって」**
**↓**
**「それでも」「だからこそ」**

「でも」「だって」の後には、大抵、ネガティブな言葉が続きます。「でも、時間がない」「だって、難しい」というように駄々をこねる子供のよう。

「時間がない。それでも、やる方法はある」「難しい。だからこそ、やり切ったら最高」というようにポジティブな可能性を探るのが、大人というもの。「でも↓それでも」「だって↓だからこそ」と言い換えて、思いが叶うことを許可しましょう。人との会話のなかにも取り入れることで、相手を肯定的に受け入れている印象になります。

# 74 3M「無理」「無駄」「面倒」はすべてを却下する思考です

**「その仕事、無理」「話しても、無駄」「連絡するのが、面倒」**
**↓**
**「できる可能性はある」「話してみる価値はある」「簡単、簡単」**

消極的な言葉は、消極的な行動、消極的な生き方になるのです。幼稚な3M言葉「無理」「無駄」「面倒」を口ぐせのように使っていると、すべて「できない」と却下する思考になり、先に進めなくなってしまいます。

大人の3K言葉「可能性はある」「価値はある」「簡単」に変換してみましょう。積極的な行動を呼びおこし、ふとチャンスがやってきたとき、その波に乗れるようになります。できない理由よりも、できる方法を考えるのが、大人の思考なのです。

# 75 「あんなにしてあげたのに」と思うくらいなら、最初からやらないほうがいい

「私は手伝ってあげたのに」
↓
「やりたくてやったことだから」

相手のためにと力を尽くしても、お返しやお礼がないことは往々にしてあるもの。「私はあんなにやってあげたのに」と思うのは、相手に見返りを期待している証拠。「〜してあげる」と恩を着せるくらいなら、やらないほうがいいのです。「自分がやりたくてやっている」「やったらその時点で忘れる」なら、喜んでやりましょう。自分もお世話になった人に、お礼ができていないことが多いのです。恩は別なところから返ってくるという〝恩送り〟の精神でいると、与えたり与えられたりが活発になります。

# 76 「あなたのために言っている」と口出しをする人は、境界線が曖昧です

**「あなたのために言うけど……」**
**←**
**「私はこう思う」**

「あなたのために言うけど」の前置きの後には、「この仕事は向いていない」「その服は派手過ぎる」「あの人とは仲良くしないほうがいい」など、厳しい忠告が続くもの。「あなたのため」と強調するのは、自分の価値観と違う相手にイライラするから。「相手のため」だと相手にも自分にも言い聞かせているのです。

大人は自分の価値観、相手の価値観に境界線を引いているので、相手をコントロールしません。意見をしたいときは「私はこう思う」と正々堂々と伝えるのです。

# 77 「普通」「常識」という傲慢な言葉で、相手を裁こうとしていませんか?

**「普通は〜するものだ」「〜するのは常識」**
**↓**
**「そんなこともある」「人それぞれ」**

「恋人同士なら、普通は一緒に過ごすものだ」「メールの返信をすぐにするのは常識」などは、無意識に相手を裁いている言葉、見識の狭い言葉です。そう言われた相手は否定された気分になるでしょう。今、ここだけの「普通」や「常識」を疑って、「そんなこともある」「人それぞれ」と、相手を受け入れることができれば、自分自身がイライラすることもなくなります。「普通の人」も「完ぺきな人」もいなくて、だれもが個性的な存在。大人なら、非難するより、理解者やサポーターに回りましょう。

## 78 「いつも」「ぜったい」「みんな」は、1を10とする思い込みの激しい言葉です

「いつも私はミスをする」「ぜったい、大丈夫」「みんなそう言っている」
↓
「私はうっかりミスをしやすい」「9割は大丈夫だと思っている」「これは私の意見です」

「いつも」「ぜったい」「みんな」を多用する人は、子供っぽく感じられます。一部の情報から「ずっとこうだ」「すべてこうだ」と思い込んでしまう幼い思考パターンで説得力がありません。「そんなこともある」「そうとも限らない」と客観的に伝えたほうが信頼されます。とくに「みんなそう言っている」と水増しした言い方は、子供が親に「みんなゲームで遊んでいる」と説得する常套手段と同じ。「いつも」「ぜったい」「みんな」をむやみに使わないだけで、理性的で、自立した思考になるのです。

# 79 「別に……」は、相手に察してほしいとする、甘えた言い方です

「別にいいけど」「なんでもない」
↓
「じつは納得できていないんです」

「別にいいけど」は、全然よくないと言っているようなもの。「言っても無駄だから」という投げやりな気持ち、「言えないけど察して」という甘えがあります。「なにかあった?」と聞くと「なんでもない」と拗ねるのも幼稚。言葉通りに受け取ると、不機嫌な顔が続きます。言いたいことがあるなら、「じつは納得できていない。なぜなら……」とちゃんと伝えるのが、大人のコミュニケーション。本音を言わないほうがいいと判断したら、「いいけど」ではなく「いいです」と伝えて協力しましょう。

80

# 自分とは違う世界の人、困っている人を「関係ない」で片づけない

「自分には関係ないから」
↓
「自分にも関係がある」

成熟した大人が使わない言葉の一つが「関係ない」ではないでしょうか。家族や同僚が困っていても「自分には関係ない」と素知らぬふりをしていると、自分が困ったときは助けてもらえません。社会や政治の問題、世界の平和・環境問題に対しても他人事として片づけるのではなく、すべての問題はつながっていて、「自分は恵まれているが、いくらか関係がある」と考えるのが大人。他人の責任にするだけでなく、共同体の一員としての責任をわかって、無関心でいられないのが大人なのです。

# 81 「タラレバ」で現実を否定しない

「もっとお金があれば……」「あのとき別な選択をしていれば……」
↓
「これはこれでOK」「あれはあれでよかった」

「もし、こうだったら」「こうしていれば」と、仮定のことを妄想してしまうのは、満足できない現実を、なにかのせいにしたい子供っぽい心理。「もし、違うクラスだったら」「先生に叱られなければ」となにかのせいにして、歪んだ解釈をしてしまうのです。
しかし、成長するにつれ「あのクラスも悪くなかった」「先生に叱られて気づくことができた」とプラスの解釈もして、自分で消化できるようになります。「あれはあれでよかった」と現実を受け入れたら、未来を見据えてよりよい方向に進んでいけるのです。

# 82 「だれも助けてくれない」と思っていると、助けようとしている手に気づかない

**「だれもわかってくれない」「だれも認めてくれない」「だれも話を聞いてくれない」**

**↓**

**「少しでも○○さんの理解者になろう」**

「職場でだれも私のことをわかってくれない」と思ったとき、立ち止まって考えてほしいのです。相手に対してどんな行動をとったでしょう？　黙ったままで「〜してほしい」と求めていませんか？　相手のことを理解しようとしたでしょうか？　大人は自分のほうから、よき理解者になろうとします。すべてをわかることはできなくても、少しでもわかりたいと考えるのです。「どうせ助けてくれない」と思っていると、助けようとする手に気づけなくなります。信頼できる関係は、自分で築いていくものです。

# 83

# 楽なほうに逃げてばかりいると、ちっとも楽にならない人生になります

「楽して稼ぎたい」「楽な人生を送りたい」
←
「楽しんで稼ぎたい」「人生を楽しみたい」

「楽な仕事がいい」「楽なのがいちばん」など「楽」を口ぐせのように使っている人は、幼く感じてしまいます。楽を求める気持ちは、多かれ少なかれだれにでもあるもの。楽を求めることが問題ではなく、楽なほうに逃げることが問題なのです。逃げ腰の姿勢でいると、報酬や信頼も乏しく、ちっとも楽でない人生になります。自分から積極的に「楽しもう」「楽しめる工夫をしよう」とするのが大人。夢中でやったり、試行錯誤したりした先に、本当の喜びがあると知っているからです。

84

# 困っている人には「自己責任」より「おたがいさま」が生きやすい

「あの人がうまくいかないのは、自己責任」
↓
「うまくいかないときは、おたがいさま」

「自己責任」とは便利な言葉で、「たしかにがんばりが足りない」「本人の意識の問題」と思わせる説得力があります。しかし、人生はそれほど単純なものではない。努力しても、意識が高くても、だれもが奈落の底に落ちることがあります。「自己責任」で片づける大人たちが、弱者に冷たい社会を生むのです。困ったときも、そうでないときも、「自己責任」より「おたがいさま」で助け合える大人でいたい。人間は弱くて困るものだという前提で生きるのが、大人だと思うのです。

# 85 だれかのせいにする癖をやめると、人間関係も人生も180度、好転します

「ミスをしたのは、上司のせい」「夢をあきらめたのは、家族のせい」
↓
「ミスをしたおかげで、問題点がわかった」「毎日がんばれているのは、家族のおかげ」

なにかのせいにするのは、子供が叱られたくない自己防衛から「僕は悪くない。○○ちゃんがいけないんだ」と罪をなすりつけるのと似た思考。大人は犯人探しをしても無意味だとわかっているので、うまくいかないことも「おかげで〜できた」と肯定的にとらえて糧にします。「おかげさま」は、見えない〝陰〟の力、支えてくれている人への感謝の言葉。口ぐせにすることで、謙虚であたたかい心持ちになり、仕事も人間関係もうまくいくようになるのです。

# 第七章

# 大人はこうして幸せになる

# 86

# 「過去の栄光を引きずる」のも「将来のために我慢する」のも美しくない

大人には、大人としての生き方があります。「大人として美しいのか」「愛があるのか」「幸せなのか」「誇りをもてるのか」……そんな生き方について考えてみましょう。

歳を重ねて「こんな生き方は美しくない」と思うのが、いわゆる〝過去の栄光〟を語りたがる人。50歳を過ぎると、「オレたちの時代は、会社の経費を使いまくって遊んだ」「全国トップの成績になった」「勉強しないで名門大に合格した」など自慢話をする人が多くなるものです。しかし、そんな武勇伝はだれも興味がないもの。「もっと詳しく教えてください」と深掘りする人はごく少数。多くは「ああ、また出た」「で、今はどうなの?」という本音を呑み込んで、つき合っているだけでしょう。

だれもが興味があるのは、その人が今、どんな人なのか?ということ。今現在、なにに夢中になっているのか? どんな知識と知恵、成熟した心をもっているのか?

一緒にいて楽しいのか？……目の前の人が、今生き生きと輝いているかどうかは、見た目や言葉から一瞬でわかるもの。過去にどんな栄光があっても、今が魅力的でなければ、つき合いたいと思わないでしょう。

また、「老後の貯金のために遊ばない、挑戦しない」と、未来のために今を犠牲にするのも、おかしな話。今やりたいこと、今できることをやって成長していくのが、いちばんの未来への投資だというのに。

歳を重ねるほど大切にしたいのが、「今を精一杯生きること」。子供のころはだれもができていたのに、現状に満足できない人は、過去や未来の〝妄想〟に逃げ込んでしまう。後悔や心配に囚われているのも、今を失っていることになります。

「たとえ明日、世界が滅びても、今日、僕はリンゴの木を植える」とは中世の聖職者ルソーの言葉。はかない一生をどう生きるのか？と考えると、過去や未来ではなく、希望をもって今の一瞬を夢中で生きることそのものに、喜びと美しさがあるのです。

**どんな花も、ただひたむきに、今を生きているから美しいのです**

87

# 自分のなかに哲学をもつことが、言葉や振る舞いの美しさになる

フランスで20代の女性たちを取材したことがありました。一人ひとりが自分の考えをもって、どんな相手にも物おじせず「私は違う意見よ」と発言する姿にびっくり。「昔はフランスも女性の地位が低かった。でも今は恋人や夫にも嫌なことは嫌だと言うし、職場や社会への改善も要求もする。そうやって自分たちの自由を得てきたの」と言うので、「どうして、そんなにしっかりした考え方をもっているの?」と聞くと、「学校で哲学を学んできたからでしょうね」という答えが返ってきたのです。

〝哲学〟というのは、「生きるとはどういうことか」「人はどう生きるべきか」といった人生の原理を見つけようとする学問。たしかに、大人だと感じる人は、芯がしっかりしていて、「こうありたい」という自分の哲学をもっていると感じたのです。

たとえば「やってはいけないこと」の線引きができていたり、「自分に正直であること」

「人にやさしくあること」「言葉に責任をもつこと」「感謝を忘れないこと」など、自分の大切にしたい指針があったり。それらは本などで学ぶこともありますが、最終的には自分の経験則から形成され、更新され続けていくものです。

自分の哲学をもっている人は、迷いが少なく、自分のやりたいことに専念できます。だから魅力的に見えるし、「この人なら大丈夫」と信頼されるのです。

個人化が進んだ現代では、社会で哲学を学ぶ機会も乏しいため、自分の芯がなくて、まわりに流されて幼稚なことをしてしまうのかもしれません。

だからこそ、「こんな大人でありたい」、逆に「こんな大人になりたくない」という理想像を強くもつことが必要だと感じます。

京セラグループの創業者、稲盛和夫氏は成功の理由を「私には才能は不足していたかもしれないが、人間として正しいことを追求する単純で力強い指針があった」と語っています。自分というものは、生涯をかけて作っていく作品だと思うのです。

## 迷ったら、「人として美しいか」「自然の法則に則しているか」で選びましょう

# 88 自分にとってなにが大切か、わかっている人が、大人

「大切なものは、目に見えない」をはじめとした名言がある小説『星の王子さま』（サン＝テグジュペリ）は、子供の心を忘れてしまった大人に向けて書かれたものです。

王子が出会うのは、愚かで滑稽な大人たち。体面を保つことしか考えない王様、称賛の言葉しか耳に入らない自惚れ屋、星の所有権を主張して星を数えることに時間を費やす実業家などを反面教師に、人生の指針を教えてくれます。

物語のなかには、こんな言葉も出てきます。

「大人は目の前の『やるべきこと』や『損得勘定』に囚われ過ぎていて、自分にとって本当に大切にすべき人や物事に対して、十分な時間と関心を向けられていない」

日々の雑多なことに追われ、人生の残り時間を意識するころになって「もっと挑戦すればよかった」「もっと家族との時間を大切にすればよかった」などと振り返るのです。

また、「快楽」と「幸福」を混同して、大切なことが見えなくなっていることもあります。買い物、お酒、娯楽、癒しなどの快楽は生活のなかで喜びを与えてくれる要素。ですが、快楽ばかりで一生を過ごしても、幸福感は得られないのです。

自分の仕事でだれかが喜んでくれたとき、マラソンを走り切ったとき、子供の運動会で成長を感じられたとき、親孝行ができたときなど、自分が力を尽くしたことには、味わい深い感動と幸福感があります。今振り返ると、「あれをやっておいてよかった」と思うことが、だれでも一つはあるはずです。

そんな魂の喜ぶような「やりたいこと」は、人生の優先事項。長く険しい道ほど喜びは深く、結果よりもプロセスのほうに、多くの喜びが散りばめられています。

人間は快楽まみれの人生より、意味のある人生を望みます。人それぞれ、自分にとってなにが大切か明快であれば、なにに時間を使えばいいかもわかります。

大切なこと以外は「要らない」と手放すことも、大人の覚悟です。

### お金で買えるのが「快楽」、お金だけでは買えないのが「幸福」です

# 89
# 思い通りにならないときに、人は試されます

病気や離婚、親の介護など荒波を越えてきた友人がこんなことを言っていたことがありました。

「人生は思い通りにならないから面白い。思った通りではなんの気づきも成長もないし、なによりドラマティックじゃないからつまらないでしょう?」

これぞ大人の余裕。大抵のことは「なるほど。そうきましたか」と受け止め、現実的に解決していくうちに、心の器も広がっていったのでしょう。

人生は思い通りにならないと知るのが、大人の「寛容」。ですが、世の中が全体的に「不寛容」な方向に進んでいっているように感じます。

叱られると会社に来なくなる。夢に挫折してニートになる。電車で子供が泣いていると母親を睨む。ネットで目障りな人を叩く。コンビニでレジが遅いとキレる……。

年齢にかかわらず、子供っぽい「不寛容」は、思い通りにならないから起こるものです。自分のものの見方を固定化したまま、「相手がおかしい」と言っているだけでは、なんの進歩もないでしょう。

理不尽さも不平等もある世界に身を置いて「そんなことがある」「いろいろな人がいる」と現実をそれはそれとして認めたり、「私もへんなのかもしれない」「そんなに怒るところじゃないか」と見方を変えたりするうちに、心の器も広がっていきます。

そして「理想」と「現実」との折り合いのつけ方も学んでいきます。「叱られてばかりだけど、3年がんばってみよう」と辛抱したり、「夢の方向性を少しずらしてみよう」と試行錯誤したり、イライラする相手に「あなたもたいへんね」と寄り添ったり。予定外のことに乗っかって面白がるのが、大人の余裕です。

思い通りにならない人や物事を前にしたとき、心のやわらかさや賢さ、愛情深さなど、大人としての成熟度が試されるのです。

## 変えられないものはそれはそれとして、変えられるものにフォーカスしましょう

## 90

# 隣人に目を向け、問題に向き合うのは、大人としてあたりまえのことです

「物事は明るく輝く側面だけでなく、暗い側面も見なきゃいけない」と教えてくれたのも、ウルグアイの国会議員ルシア・トポランスキーさんでした。子供のころから貧困をなくそうと闘い続け、軍事政権下で十数年、投獄されてもあきらめませんでした。

ルシアさんは日本の広島を訪ねた感想を「原爆の悲劇はたいへん衝撃を受けました。世界中の人が広島に行くべきね。世界の平和が得られるのかわからないけど、私も希望を捨てないで働いているんです」と、苦悩の表情で話してくれたのです。

「暗い面も見なきゃいけない」という言葉は、「問題から目を逸らさないこと」、「自分さえよければいい」ではなく、「隣人を思いやること」が大切だと、今も私の心に響き続けています。それまで「明るい側面を見ること」が大事だと思っていましたが、平和な世界の反対側では、戦争で苦しんでいる人もいる。豊かな資本主義社会の裏では、

過酷な労働をしている人たちもいるのです。

台湾で暮らしていたとき、「お金をもっている人は、貧しい人を助けなければいけない」「健康な人は、病気や障がいのある人を助けなければいけない」「知識のある人は、そうでない人に教える」と寄付やボランティア、助け合いが活発に行われていました。

たまたま自分は恵まれたのだから、たまたま弱い立場になった人を助けるのは、社会の一員としてあたりまえのことだという成熟した考え方です。

私たちは家庭や職場のなかでも、問題から目を背けてしまいそうになります。衝突を避けて見ないフリをしていると、だんだん悪い方向に進んだり、人間関係が破綻したり、だれかが辛い思いをしたりします。変えられることから「これっておかしくない？」と問題提起して解決しようとすることは、大人の役割だと思うのです。

一人ひとりが身近な問題、社会の問題から目を逸らさず、弱い立場の人を思いやることができたら、人の心も社会も少しだけあたたかくなるのではないでしょうか。

**身近な困っている人を助けることから、世界平和は始まります**

## 91 視野の狭さ、経験の狭さは、不安に直結します

50代の女性たちと、こんなおしゃべりで盛り上がりました。

「若いころは人間関係のトラブルで毎日悩んでいたり、仕事のミスで落ち込んで眠れなかったりすることがあったけど、50代になると図太い精神になる。いろいろあっても、結局はどうにかなるって経験してわかってるから」

これが大人になることの醍醐味だと思ったのです。歳を重ねることは、山を登っていく感覚と似ています。1合目2合目では先がどうなっているかわからなくて不安でいっぱいだけれど、上に登るほど全体像が見えて、大きいと思っていた障害物も小さなものに見えてくる。長い目で人生観をとらえるので焦りがなくなり、広い視界で世の中を見るので、多様な人や物事を受け入れてイライラしなくなってきます。

視野の広さは、私たちの心を守ってくれます。大人になっても視野が狭い人は、閉

鎖的な世界のなかで「排除されたらどうしよう」「間違えたらどうしよう」と、失う恐怖がついてまわります。そして、マウントをとったり、人に責任をなすりつけたり、しまいには既得権益にしがみついたりと幼稚な行動をとってしまうのです。

視野を広げるためには、知識よりも経験が拠り所。「若いときの苦労は買ってでもしろ」というのは、知恵や自信がつくからでしょう。どん底を経験した人は、またゼロから始めればいいと根拠のない自信があるものです。

ただ、大人になってわざわざ苦労はしたくないもの。苦労に変わる〝挑戦〟を、これからはやっていきたいもの。失敗しても間違っても大したことにはなりませんから。

先の50代の女性たちと盛り上がった別の話題は「妻が外出すると、昭和の夫は不機嫌になる問題」。「自分の外出には妻をつき合わせるから、一人でなにもできない子供のよう」という事態は、一人で料理したり、外出したりする経験が乏しいからでしょう。どんな年齢でもなにかに挑戦することは、やっておいて損はありません。

## 物理的に広い空や海を見るだけで、心の視界も広がります

## 92

# 志を高くもつと、もれなく成熟した人格がついてきます

先日、将棋の八冠を達成した若い棋士が、色紙に大きく「大志」と書いていました。21歳にして、言葉遣いや振る舞いに風格があるのは、これまでも大きな志をもち続けてきたからでしょう。

スポーツ選手や音楽家などでも、世界的に活躍している若者は、すでに人間ができているもの。子供のころから自分の進む道と大志をもち、いくつもの壁を乗り越えたり、自分自身の弱さと向き合ったりするうちに、人格も備わってくるのでしょう。

私の友人にも、高い志をもつ人たちがいます。ある女性は30代で「子供の力を最大限に生かしたい」と、子供たちが自主的に料理や生きる知恵を学ぶ保育園を作りました。40代は過疎地域を活性化する小学校を開校させるために奔走しています。

「私たちがやっていることは特別なことじゃない。世界のどこでも再現可能なんです」

という彼女の視界は、自分のいる場所だけではなく、遠い街の子供たちも高齢者も見えていて、みんなを元気にしたいという大志がある。だから、つぎつぎに奇想天外のアイデアを生み出し、多くのサポーターを作って実現していく。彼女から人の悪口、社会批判などは聞いたことがなく、前を見て進んでいる姿は本当に大人だと感じます。

「少年よ、大志を抱け」とは、明治時代にクラーク博士が札幌農学校の学生たちに伝えた言葉として有名ですが、知識と知恵を蓄えた中高年こそ、夢をもち、大志を抱くことに意味があると思うのです。なにより夢があるほうが楽しく、元気でいられます。

少年には少年としての大志が、中高年には中高年としての大志があるはず。叶えることより、求めること自体が大事なのです。クラーク博士の言葉には、続きがあります。「大志を抱け。しかし、お金や私欲や名声といった空虚なものではいけない。人としてどうあるべきか。その道を追求するために大志を抱け」

どんな志をもつかで、人生の満足や幸福も、人としての成熟度も違ってくるのです。

**「志は高く、日々の目標は低く」。長い道のりを歩くには、楽しむ工夫が必要です**

## 93

# 「熱い心と、クールな頭」をもっている大人は、簡単には崩れません

私がどんな仕事をしていても、大人として気をつけてきたのが、「熱い心と、クールな頭をもつこと」でした。たとえば、最初に本を書くチャンスがやってきたとき、「働く人の力になりたい」という熱い気持ちと、この機会を逃したらあとがないという焦りで、頭もヒートアップしたまま、見切り発車してしまいそうになっていました。

しかし、本気であるほど、頭を冷静にして、これまでのビジネス本の傾向やこれからの対策、自分にあった書き方、脱稿までの計画などを考えなければいけないのです。最終的には感覚が頼りですが、それも散々考え抜いた上で導き出されるものです。

また、どんなに「熱い心」でも、放っておくと冷めてきます。情熱を絶やさずに何十年と書き続けるためには、それなりの工夫が必要。尊敬する友人と話して刺激をもらったり、良書を読んだり、体調を整えたりする必要もあるわけです。

「熱い心と、クールな頭」とは、感情と理性のバランスともいえます。

心のなかにいる感情の馬車を、頭の理性の御者が手綱を引いているようなもの。馬は怖がりで、なにか障害物があると止まって動かなくなったり、人参のおもちゃを見て暴走したりします。そこで賢い御者になって「大丈夫。怖くないよ」とか「ちょっと待って。それ、ニセモノだから」と声をかけて、馬を平常心に導くのです。

野球で9回2アウトから逆転ホームランを打つ人も、どん底に突き落とされてから這い上がってきた人も、高齢になって第一線で活躍する人も、まず「熱い心」があって、「クールな頭」で自分自身や世の中と、うまくつき合ってきた人でしょう。

「熱い心と、クールな頭」は、生活のあらゆる面で必要です。大きな買い物をするとき、遊びや旅をするとき、なにかを学ぶとき、病気になったとき、人を好きになるとき、人助けをするとき……。自分の好きや喜びに忠実になりながらも、冷静に見て現実的に判断、行動するのは、自分を幸せにするための責任だと思うのです。

## 感情に振り回されないために必要なのは一歩引いた〝客観性〟です

# 94

## 〝リスク〟を喜んで取る。ただし、最後の切り札をもっておくのが大人の流儀です

40代以上の人たちと話していると、ときどき「今さら冒険はしたくない」という声が聞こえてきます。「転職したかったが、この歳では難しい。今の会社に居続ければ、安定した収入はもらえるし、ある程度、将来の予測がつく」と。

つまり、冒険をして「リスク＝不確実さ」に晒されるのが怖いというわけです。

一方で、子供が大学を卒業する1年後に、公務員を辞めるというシングルマザーに会いました。彼女は「まだ50歳。自分がどこまでできるのか、いろんな挑戦をしたくなった。50歳を過ぎたら、なにがあってもおかしくない。お金よりも時間のほうが大事でしょう?」と、リスクを喜んでとったのです。

冒険をするのも、しないのも個人の自由ですが、自分で自分の道を決め、それに対するリスクもわかっているのが、大人だと思うのです。

定年まで会社に居続けるほうが「先が読める」と思っていても、安心安全なわけではありません。ぬるま湯に浸かっているとだんだん居心地が悪くなったり、人間関係で行き詰まったり、冒険しなかった後悔をすることもあるでしょう。

それでも「自分が決めた道」と思えたら、すべてを受け入れていけるはずです。

私は「先が読めないから人生は面白いのだ」と、やりたいことは可能な限り、なんでもやってきました。転職、移住、旅、留学など多少の不安もあるけれど、予測がつかないからこそ、ワクワクするし、結果はともかく、冒険できたことに満足します。

そして、一歩踏み出せば、人生が大転換するドラマティックな展開があることも経験してきました。著者になるなんて、20年前はまったく予測することもなかったのです。

ただし、大人は捨て身になってはいけない。最後の切り札はもっておくのが流儀。お金は少しだけ残しておく。日銭を稼げる仕事のスキルをもっておくなど、ゲームオーバーにならないように。最後の札をもっていたほうが、安心して冒険できるのです。

## 不確実なことをやろうとしない限り、成長や満足はありません

## 95

# 「老・病・死」を見据えることで、強く思いやりのある人間に成長できます

「私、歳をとるのが怖くてたまらないんです。容姿も体力も頭の働きもどんどん衰えていくのが……」と、大真面目な顔をして言った20代の女性がいました。

じつは私も20代のころ、同じように恐れていました。あれは、老いが遠いものだったからこそ、得体の知れないものに思えて、怯えていたのかもしれません。

今、老いも病気も、そして死も身近なものになってくると、怖さはあるにはあるけれど、むやみに恐れず、現実的に受け入れようという気持ちにもなってきます。

若いときはその年代の新鮮な感じ方があるけれど、歳を重ねて感じるものや、見えてくるものがあるもの。この年齢だから書ける本があると知ったり、幼い子供たちが一生懸命走る姿に泣けてきたり、何歳でもときめくことがあるとわかったり……。

半世紀生きると、時代がどう変わってきたかもある程度、確認できて面白いものです。

ある友人が亡くなる数日前に「体の機能はどんどん失われていくのに、心と頭はどんどんクリアになっていく感覚があるの。不思議よね」と言っていました。私はそこまで面白がれるのかわかりませんが、受け入れると、人はたくましくなるのでしょう。「老・病・死」について、普段は考えなくていいと思うかもしれません。しかし、ときどき意識することで、「今を精一杯楽しもう」と生きる緊張感も出てくるはずです。

仏教では「一切皆苦」という教えがあります。「生・老・病・死は一切合切、すべてが苦しみ（＝思い通りにならないこと）である」という意味です。

その苦しみを、ただのネガティブな体験としてとらえると、苦しみ続けて歪んだ生き方になっていく。苦しみを成長と自己発見の機会としてとらえると、人はより強く、やさしく成熟していくのです。日々起こる人間関係の摩擦や、仕事のトラブルも直視して対応することで、美しい生き様になっていくと私は解釈しています。避けられない「生・老・病・死」にどう向き合うか、大人としての態度が問われているのです。

**すべては受け入れることで、人は苦しみから解放されるのです**

## 96 人を幸せにできる人は、大人として成熟し、だれよりも幸せになれる

この本では「大人とは、どんな人だろう?」と考え、これまで会ってきた多くの素敵な大人たちを思い出し、その考え方や行動を言語化してきました。

突き詰めると、大人の生き方とはつぎの2つに集約されるのではないかと思うのです。

「自分の人生を、自分の意思で選んでいること」

「人の喜びを、自分の喜びとしていること」

側から見て不遇な状態にあっても、「これが私の道だから」と積極的に生きている人は大人だと感じます。「みんながやるから」ではなく「自分がやりたいから」で選ぶ人は、爽やかで格好よく見えます。

反対に「あの人のせいで」「自分ばかりが損をしている」と、不幸な被害者になっている人は幼く感じます。犯罪に遭ったことや子供のころの虐待体験などは別ですが、

大人は大抵のことは自分のなかでカタをつけるのです。

自分が選んだことをやっていて、加えて、「人に喜んでもらうこと、人の役に立つことで、自分も幸せになれる」と知っている人は、大人として成熟していける人です。

元来、人間とは自分だけのためより、「あの人に喜んでもらいたい」「あの人を助けたい」と思ったときに、大きな力がわいてくるもの。人の幸せを考えると、ときに自分の感情を抑えたり、あきらめたり、距離を置いたり、折り合いをつけたりすることもあります。そんな葛藤も含めて、大人になっていくのです。

反対に、相手を尊重せずに「なんで～してくれないの？」と押しつけたり、人の不幸を喜んだりするのは幼稚な人のすること。結局は自分を傷つけてしまうのです。

大人として生きることは愛とやさしさをもって、まわりにポジティブな影響を与えていくことです。「自分の意思で選ぶ」「人の喜びを自分の喜びにする」ことを心がければ、深い愛情と聡明さをもった人間になれるのではないでしょうか。


**「人の幸せが自分の幸せ」であれば、人は何十倍も幸せになれます**

## 97

# 大人は、いつでも、どこでも幸せになれるのです

かつて大学院で、女性の生き方に関する論文を書いたとき、「20代で描いた人生と、その20年後30年後は同じですか?違いますか?」と質問をしたことがありました。

すると、ほとんどの人が「まったく違う」という答え。描いた通りの人生ではなく、「まさか離婚するとは」「まさかずっと独身とは」「まさか病気になるとは」「まさか社長になるとは」「まさか海外で暮らすとは」と、予想外の展開をしていたのです。

私自身も「まさかこんな人生になるとは思わなかった」と驚いている一人。前の項に「自分の意思で選ぶ」と書きましたが、偶然の出逢いや、ひょんなきっかけから、「それ、面白そう。やってみよう」「行けるところまで行ってみよう」と流れに自分の意思で乗っかってきた結果。想定外ではあるけれど、振り返ってみると、今の仕事に行き着いたのも、「たしかにこうなるしかない」という、じつによくできたシナリオな

のです。

思い通りに行く人生が、幸せとは限りません。大人というのは、やってきた想定外の出会いや出来事を面白がり、楽しみ、味わいながら生きていく。「今、ここで自分がもっているもの」に感謝して、慈しもうとするものではないでしょうか。

中世の歌謡に「遊びをせんとや生まれけむ、戯れせんとや生まれけん」と子供を唄ったものがあります。子供は予期せぬものに戯れ、夢中になって遊びます。

そんな子供のようなまっすぐな心と、大人の成熟した心のあり方が組み合わさったときに、仕事も人間関係もさまざまなことがうまく回るようになると思うのです。

大人は、いつでも、どこでも、思いがけない状況でも受け入れて、その一瞬一瞬に寄り添う。喜びと感謝を見つけて微笑みをたたえながら歩いていく。今は未熟でも、そうでありたいとする姿が、きっと誇り高く、美しい生き方を作っていくのです。

**どんな道を歩んでもいい。その道のなかに喜びを見つけられるのが大人です**

# 30歳《さい》でも大人《おとな》な人《ひと》 50歳《さい》でも子供《こども》な人《ひと》

## 人間関係《にんげんかんけい》も仕事《しごと》も全部《ぜんぶ》うまくいく大人《おとな》になる97の方法《ほうほう》

2024年6月15日　初版第1刷発行

著　　者　有川真由美《ありかわまゆみ》

発 行 者　笹田大治
発 行 所　株式会社興陽館
〒113-0024　東京都文京区西片1-17-8　KSビル
TEL 03-5840-7820　FAX 03-5840-7954
URL https://www.koyokan.co.jp

装　　丁　長坂勇司（nagasaka design）
校　　正　結城靖博
編集補助　飯島和歌子
編集・編集人　本田道生

D　T　P　有限会社天龍社
印　　刷　恵友印刷株式会社
製　　本　ナショナル製本協同組合

---


ISBN978-4-87723-325-9 C0030

# 孤独がきみを強くする

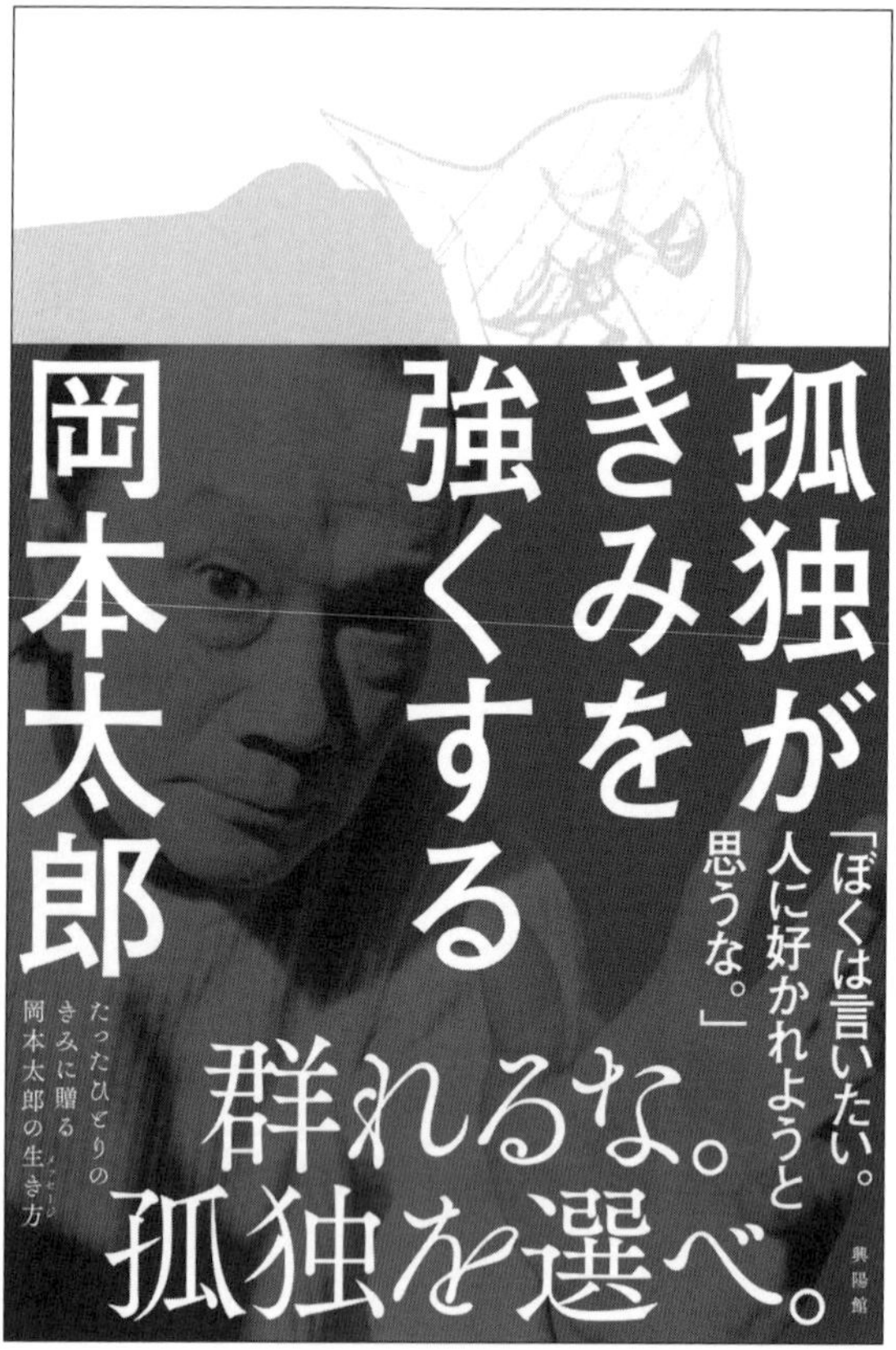


岡本太郎

本体 1,000 円 + 税　ISBN978-4-87723-195-8 C0095

群れるな。孤独を選べ。孤独はただの寂しさじゃない。孤独こそ人間が強烈に生きるバネだ。たったひとりのきみに贈る岡本太郎からの激しく優しいメッセージ。

# 小さなひとり暮らしのものがたり

## みつはしちかこ

本体 1,300 円 + 税　ISBN978-4-87723-295-5 C0095

国民的ロングセラー『小さな恋のものがたり』を描き続けてきた漫画家・みつはしちかこが贈る日常の楽しみと片思いの喜びをつづった、描きおろしエッセイ集。新作漫画も収録。

# あなたにあえてよかった

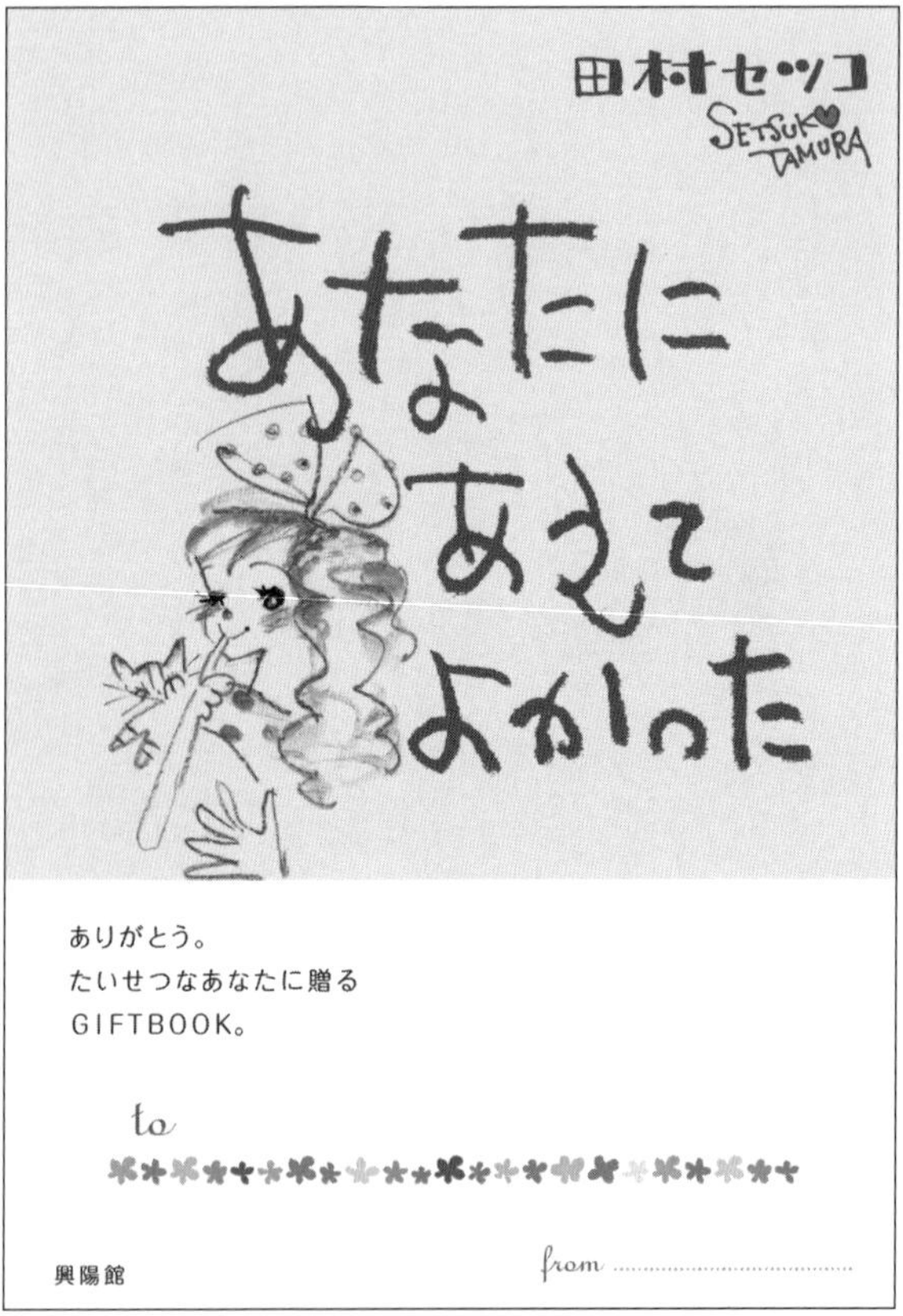


田村セツコ

本体1,400円+税　ISBN978-4-87723-285-6 C0095

女の子のあなたに、そしてかつて女の子だったあなたにおくる本。情景を詩的なかわいい絵で辿ったオールカラーイラスト画集。自分に、そして大切な人への贈り物にもぴったりの一冊。